Peter Eichhorn

Mauern

Peter Eichhorn

Mauern

Sicherheit contra Freiheit

Mit Illustrationen von Klaus Fresenius

wbg Academic

Die Deutsche Nationalbibliothek verzeichnet diese Publikation
in der Deutschen Nationalbibliographie; detaillierte bibliographische
Daten sind im Internet über http://dnd.d-nb.de abrufbar

wbg Academic ist ein Imprint der Verlag Herder GmbH

Satz Buchinhalt: Till Kaufmann · TKSV design
Satz und eBook: Satzweiss.com Print, Web, Software GmbH
Gedruckt auf säurefreiem und
alterungsbeständigem Papier
Printed in Germany

Besuchen Sie uns im Internet: www.wbg-wissenverbindet.de

ISBN 978-3-534-40477-3

Elektronisch sind folgende Ausgaben erhältlich:
eBook (PDF): 978-3-534-40479-7
eBook (epub): 978-3-534-40478-0

Inhalt

Vorwort

Umfragen zufolge schätzen Zeitgenossen* in Deutschland und Europa vor allem Sicherheit wert. Dahinter verbirgt sich die Wendung „öffentliche Sicherheit und Ordnung" aus dem Polizeirecht. Es zielt darauf, Gefahren abzuwehren, auch Straftaten vorbeugend zu bekämpfen, und die öffentliche Ordnung gegen Störer zu schützen.

Mit Sicherheit verbinden die Bürger sowohl Sachgüter als auch Dienstleistungen im weitesten Sinn. Letztere werden immer bedeutender. Dazu zählen zu schützende Bereiche wie nationale Sicherheit, ein ausbalanciertes System der sozialen Sicherung, Verbraucherschutz, Schutz der Arbeitnehmer, Gläubigerschutz und die Wahrung einer ordnungsgemäßen Rechtspflege. Sicherheit wünschen sich die Menschen auch im Straßenverkehr, ebenso in den anderen Verkehrszweigen. Als schützenswert gelten Bürgerrechte, geistiges Eigentum, kulturelles Erbe, ein hohes Bildungsniveau, nicht zuletzt Meinungs- und Pressefreiheit.

Im Privatleben sorgt man sich um die Sicherheit des Arbeitsplatzes, des Einkommens, der Währung und der Wohnung. Gefordert werden gesicherte Kindererziehung, Ausbildung, Krankenversorgung und Altenpflege. Die meisten Menschen scheuen grundsätzlich Risiken. In Deutschland scheint dies ausgeprägt zu sein. Nicht ohne Grund verweisen andere Länder auf die „German Angst".

Ein gerüttelt Maß trägt dazu der Staat bei. Unser Zeitgeist ist vom Legalismus geprägt. Ausufernde Gesetze, Verordnungen, Durchführungsbestimmungen und weitere Regelungen schreiben rechtliche Voraussetzungen, Auflagen, Ge- und Verbote, Bedingungen, Fristen, Mitwirkungspflichten, Vollzugsmaßnahmen, Zuständigkeiten usw. vor. Besteuerungswesen und

* Zur leichteren Lesbarkeit wird bei Personenbezeichnungen in der Regel die männliche Form verwendet. Diese Bezeichnungen umfassen sowohl männliche als auch weibliche Personen.

Sozialabgabensystem sind beispielsweise zum Regime von Lobbyisten, Gesetzgebern und Bürokraten geworden. Abgesehen von zahlreichen anderen Rechts- und Verwaltungsmaterien, die sich vor den Bürgern türmen. Es kündigen sich weitere Restriktionen an, etwa um künstlicher Intelligenz, ethischen Forderungen, sog. sozialen Medien, Digitalisierung und Vernetzung sowie Klimaverbesserungen Wege zu weisen.

Zur Vermeidung von Missverständnissen: Regelwerke sind im Rechtsstaat unerlässlich; mehr noch: erwünscht, weil sie den Rahmen bilden, innerhalb dessen gelebt wird. Die Zivilgesellschaft tut ein Übriges und kennt Konventionen, Brauchtum, Manieren und Barrieren für Konsens und Konflikte. Nimmt man alles zusammen, also die schützenden und stützenden, aber auch die trennenden Gegebenheiten, dann entstehen vor einem Mauern unterschiedlichster Art: Große, im übertragenen Sinn schier unüberwindbare Barrieren etwa in Form globaler Auseinandersetzungen, weltwirtschaftlicher Strukturen und Prozesse, internationaler Abkommen und höchstrichterlicher Entscheidungen. Wesentlich ist vor allem bei mittelgroßen und kleineren Maßgaben die „Höhe der Mauer“, denn davon hängen individuelle und kollektive Freiheit ab. Je mehr Sicherheit die Mauern bieten, auf desto mehr Freiheit muss man verzichten – zumindest dem Grundsatz nach.

Wie die Sicherheit hat die Freiheit viele Dimensionen. Im Kontext mit Sicherheit ist hervorzuheben, dass Freiheit nur als Rechtsgarantie existiert. Umgekehrt lässt sich sagen, dass es ohne rechtliche Regelungen keine Freiheit gibt. In der Europäischen Union gelten die vier Freiheiten: Freier Personenverkehr, freier Warenverkehr, freier Dienstleistungsverkehr und freier Kapitalverkehr. Das Grundgesetz für die Bundesrepublik Deutschland enthält die wichtigsten Grund- und Menschenrechte. Dazu zählt das Recht auf freie Entfaltung der Persönlichkeit, soweit davon nicht die Rechte anderer verletzt werden. Diese exemplarische Grenzziehung und ähnliche Einschränkungen zeigen, dass die Freiheiten nicht absolut, d.h. unbegrenzt, sondern nur in Beziehung zum Umfeld gewährleistet sind. Dasselbe trifft grundsätzlich zu für die verfassungsrechtlich garantierte Freiheit der Person (d.h. Recht auf Leben und körperliche Unversehrtheit), Gleichheit vor dem Gesetz, Glaubens- und Gewissensfreiheit, Meinungs-, Informations-, Presse-, Rundfunk-, Film-, Kunst- und Wissenschaftsfreiheit, Freiheit der Partnerwahl, Freiheit für private Schulträger, Versammlungsfreiheit, Vereins- und Koalitionsfreiheit, Freizügigkeit, Berufsfreiheit samt Freiheit der Berufsausübung, der Wahl des Arbeitsplatzes und der Ausbildungsstätte und Freiheit von Arbeitszwang.

Die vorliegende Studie will aber nicht Freiheitsrechte kommentieren. Sie wählt Mauern als Metapher, mit anderen Worten: stellt freiheitsbegrenzende Bindungen, Beschränkungen, Belastungen, Einengungen, Verpflichtungen und Weisungen bildlich als Mauer dar. Nach einer Grundlegung im ersten Kapitel werden im zweiten Kapitel konkrete, sichtbare Mauern aufgeführt. Es schließen sich im dritten Kapitel Mauern an – genannt gesellschaftliche Mauern –, die von staatlicher und privater Seite errichtet wurden. Im Einzelnen sind das rechtliche Vorgaben, monetäre Mauern, soziale Barrieren und Karrierebedingungen.

Mauern in den Köpfen, lies: Engstirnigkeit, vervollständigen im vierten Kapitel das Bild. Obwohl die gegenwärtigen Generationen davon überzeugt sind, dass

- Wissen vorhanden und verfügbar ist, muss man bei vielen Menschen Unwissenheit feststellen;
- durch Information und Telekommunikation, Umfragen, Statistiken, Transparenzgebote, Publizitätspflichten und investigative Medien Wahrheiten obsiegen sollten, haben dennoch Unwahrheiten („fake news“) Konjunktur;
- primär auf Sicherheit in Gesetzen, Verträgen und im alltäglichen Dasein geachtet wird, tatsächlich aber Unsicherheit die Leute leitet;
- Benehmen, Interessen und Wettstreit das Verhalten von Personen und Institutionen zwar prägen, aber gern in Unzufriedenheit und Aggressionen münden.

Schließlich kommen im fünften Kapitel Mauern zur Sprache, die heute und wohl künftig Schutz bieten (wie Bundesstaaten und Staatenbündnisse), als Stützmauern fungieren (wie effiziente Bürokratie und Berufsbeamtentum), der Daseinsvorsorge dienen (öffentliche Unternehmen in einer pluralen Wirtschaft) und die Freiheit aufgeklärter Bürger sichern sollen. Die Bürger müssen wissen, dass Sicherheit und Freiheit voneinander abhängen. In der Regel bedeutet mehr Sicherheit weniger Freiheit. Je sicherer wir leben wollen, desto unfreier leben wir! Wesentlich ist die Balance zwischen beiden Polen.

Dem Text sind Illustrationen von Klaus Fresenius beigefügt. Die Abbildungen sollen die Gedankenwelt in eine Bildwelt übertragen. Der Autor dankt dem Künstler für diese Bereicherung.

1 Überall Mauern: In uns und um uns herum

1.1 Pro und Contra Mauern

Manche Menschen meinen, mit Mauern meistere man mannigfache Missstände. Schon unsere Urahnen nutzten natürliche Mauern, meist Berghänge, Schluchten, Höhlen, Erdwälle, Böschungen, Dickicht, Wassergräben und Ufer, um sich vor Naturgewalten, wilden Tieren und Menschen zu schützen. Das Schutzbedürfnis ist existenziell. Später wurden Mauern errichtet als Bauwerke aus Holz, Lehm, Sand, Stein, Ton, Schotter, Zement, Beton oder Metall. Die Mauern stützen Häuser, Wände, Landbau, Einfriedungen, Straßen, Brücken, Wasserläufe und Wasserbecken. Mauern samt Zäunen, Tür- und Fensterschlössern sichern Hab und Gut. Mauern dienen als Lärm-, Sicht- und Windschutz. Mit Mauern als Befestigungsanlagen können Grenzen gezogen, Angriffe abgewehrt, Rivalen oder Fremde abgehalten und Flucht verhindert werden.

Perfide ist eine Abart von Mauern, die aus Menschen gebildet werden. Man schickt Kinder oder Sträflinge (als „Kanonenfutter") vor und missbraucht sie als Schutzschilde.

Eine nicht minder menschenverachtende Rolle spielen Mauern in Politik und Gesellschaft, wenn sie als Bollwerk gegen Andersdenkende, Störenfriede, Konkurrenten oder Missliebige errichtet werden. Ein Beispiel: Der vom Theaterbau entlehnte Eiserne Vorhang. Er schottete ideologisch und physisch den Kommunismus im Osten vom freiheitlichen Westen in der Zeit des Kalten Krieges nach dem Zweiten Weltkrieg ab. Noch ist die Berliner Mauer samt der Festungsanlagen mit Todesstreifen auf Seiten der DDR von 1961 bis 1989 im Gedächtnis. Sie riegelte die „Hauptstadt der DDR" im Osten vom Westteil der Stadt hermetisch ab. An dieser 155 km langen Grenzbefestigung starben mindestens 140 Menschen, an der gesamten Grenze von 1400 km durch Deutschland kamen 327 Menschen ums Leben. Von den unzähligen Verletzungen, Gefangenschaften, zerrissenen Familien und von der seelischen Pein gar nicht zu sprechen.

In den Medien wird laufend auf die sog. Sperrmauern zwischen Israel und Palästina oder Nord- und Südkorea verwiesen. Aktuelle Schlagzeilen liefert „the WALL", wie Präsident Trump in seinen Tweets das beabsichtigte Sperrbauwerk entlang der Grenze von den USA zu Mexiko nennt. Die Mauer der Schande steht in Perus Hauptstadt Lima, die arme und reiche Einwohner trennt. Weniger bekannt und doch gegenwärtig sind die Grenzbefestigungen und Mauern von Indien gegenüber Bangladesch, um – wie es heißt – Korruption und Gewalt einzudämmen, Flüchtlinge abzuwehren, Terrorismus zu bekämpfen und religiösen, sozialen und wirtschaftlichen Diskrepanzen Einhalt zu gebieten. Erinnert sei auch an den 480 km langen und hohen (!) Elektrozaum, der das wohlhabende Botswana vom armen Simbabwe abgrenzt (mit der offiziellen Sprachregelung, dass man nur das Übergreifen der Maul- und Klauenseuche verhindern möchte).

Mauern erweisen sich als zwiespältig. Einerseits werden sie geschätzt, andererseits gehasst. Schön gemauerte Türme, Tore, Bauten, Anlagen ziehen den Blick auf sich, strahlen Kultur, Geschichte, Macht, Pracht und Protz aus und bieten Schutz. Sie können aber auch unansehnlich sein und Abschottung, Grauen, Schrecken, Unterdrückung, Ausbeutung und Gefängnis verkörpern.

Unser Bewusstsein und Verhalten wird abgesehen von gegenständlichen Mauern von gesellschaftlichen und gedanklichen Mauern geprägt. Wer musste sich nicht schon vor gesellschaftlichen Mauern geschlagen geben? Bewerbungen und Aufnahmeprüfungen bilden im übertragenen Sinn eine Mauer; auch vorgegebene Arbeitspensen und Handlungsweisen zählen dazu. Gewerbebetriebe sind an gesetzliche Anforderungen respektive Restriktionen – etwa im Arbeits- oder Umweltrecht – gebunden. Rechtliche Voraussetzungen gelten für Verkehrssicherheit, Datenschutz, Datensicherung usw.

Das Streben nach Sicherheit türmt auch Mauern auf in Form finanzieller Hürden. Gesetzliche Sozialversicherungen und private Versicherungen schränken eine Vielzahl von Risiken ein, knüpfen den Zutritt aber an finanzielle und weitere Erfordernisse. Das Schutzbedürfnis heutiger Menschen schließt den Wunsch nach einem sicheren Arbeitsplatz und nach stabilen Rentenzahlungen ebenso ein wie das Fordern von Gewährleistungen, das Vermeiden von Gefährdungen und den Ausschluss von Haftungen. Verstöße dagegen werden gerichtlich geprüft oder im Wege von Gutachten, Schlichtung oder Mediation sanktioniert.

Als gesellschaftliche Mauern wirken nicht minder soziale Barrieren. Sie existieren (weniger de jure als de facto) zwischen den Bevölkerungsschichten – etwa zwischen Eliten und Mittelmaß, Prominenz und Namenlosen, Begüterten und Bedürftigen, Vermietern und Mietern, Jugendlichen mit und ohne Schulabschluss. Der Aufstieg von der unteren Klasse über den Mittelstand in die Oberschicht ist mit Hindernissen gepflastert. Er gelingt nur einer Minderheit, die Mehrheit verharrt in ihrem Gemäuer.

Mauern ist ein Gesellschaftsspiel geworden. Schon in der Schule, während der Ausbildung und im Studium wird um Vorteile wegen gemauert. Mauern geschieht durch Mobbing, Schikanen, Nötigung, Repressalien, Gerüchte oder Täuschung. Zu kritisieren ist vor allem daran, dass das Mauern oft hinterhältig geschieht, ja Mauern in der Bussi-Gesellschaft negiert, hinter der Fassade aber kräftig praktiziert wird.

Speziell im Bereich der Wirtschaft ziehen unterschiedliche Interessen Mauern hoch zwischen Tarifpartnern, zwischen Investoren und Konsumenten, zwischen General- und Subunternehmern, Produzenten und Zulieferern, Herstellern und Händlern, Facharbeitern und An- und Ungelernten. Meist bildet Geld die Mauer und überwindet Geld die Mauer. Hilfestellung gewähren Leistungsklassen, Anhaltszahlen, Qualitätsstufen, Preiskategorien, Einkommens- und Vermögensrubriken, Karrierebedingungen, Benimmregeln, Wertgrenzen, Strafmaße und andere Kriterien.

Um soziale und wirtschaftliche Barrieren zu verkleinern, werden Differenzierungs- und Diskriminierungsverbote sowie Gleichheitsgebote gesetzlich vorgeschrieben und Interessenausgleiche angestrebt. Gesellschaftspolitisch ist dann von Nivellierung die Rede. Von der Metapher Mauer aus gesehen werden Mauern abgebaut oder geschleift.

Mit gesellschaftlichen Mauern hängen vielfach gedankliche Mauern zusammen. Die Mauern in den Köpfen bewirken Engstirnigkeit. Hervorgerufen wird sie hauptsächlich durch Unwissenheit, Unwahrheiten, Unsicherheit und Aggressionen. Diese Gegebenheiten hemmen oder verhindern sowohl Kontakte zwischen Menschen als auch den Austausch von Ideen und Sachen, nähren Vorurteile, beflügeln Gerüchte und Intrigen, schaffen Misstrauen und Hass. Durch eine Mauer des Schweigens entstehen Intransparenz, Ungerechtigkeit, Versäumnis und Feindschaft. Oft werden mentale Mauern gar nicht erkannt. Gleichwohl existieren sie allerorten und zu jeder Zeit.

Solche Mauern finden sich im Geschäftsleben, wenn Mängel verschwiegen, Geheimnisse nicht preisgegeben bzw. kundenrelevante Informationen vorenthalten werden. Der Verkäufer belässt sozusagen dem Kunden sein Brett vor dem Kopf. Gemauert wird, wenn man dadurch seine Verhandlungsmacht stärken kann. Dann tritt manchmal der Fall ein, dass das Machtstreben zu Ausgrenzung, Spaltung, Klientelpolitik, Ressortegoismus oder zur Irreführung zu Lasten Dritter oder der Allgemeinheit führt.

Manchmal sind mentale Mauern als Scheuklappen aber auch hilfreich, denn sie reduzieren Komplexität und gewährleisten Orientierung. Ungezählte Menschen halten gern unkritisch an Gewohnheiten, Dogmen und Meinungen fest. Positiv gewendet heißt Mauern aufrichten, erbauen, gestalten, ordnen. Wer in diesem Sinn mauert, möchte sich Störungen entgegenstellen und bürokratischer Hürden erwehren, will Brücken zwischen Menschen bauen, Begegnungen ermöglichen und Freiräume schaffen.

Schließlich sei noch auf ein gern umgangssprachlich gebrauchtes Mauern hingewiesen, nämlich auf das Mauern von Verteidigern beim Fußballspiel. Sie suchen Angriffe auf das eigene Tor abzuwehren.

1.2 Mauern sichern Macht

Erbaute, gesellschaftliche und mentale Mauern haben etwas gemein: Sie verkörpern Macht, Herrschaft, Einfluss (selbst wenn letzterer auf Engstirnigkeit der Machhaber beruht). Jedenfalls sind solche Mauern nützlich. Dynastien und Imperien zeigen damit ihre Stärke. Mit Mauern verbindet man die Ausbreitung von Ideologien und Religionen, allerdings ebenso die Durchsetzung von Apartheid.

Mancher Monarch, Staatspräsident, Diktator, General oder Gelehrte zieht gern Mauern hoch, um seine Ziele zu erreichen. Viele Mauern in Staat, Gesellschaft, Wissenschaft und Wirtschaft lassen sich Personen zuschreiben. Burgen, Schlösser, Paläste, Türme, Tempel, Kirchen, Rathäuser, Wohn- und Sportanlagen, nicht minder Stadt- und Staatsgrenzen, aber auch Mauern wie Berufsverbote und durch Sittenwächter, führen oft den Namen ihrer Urheber, etwa den der Stararchitekten, Baumeister oder Prinzipienreiter.

Wie gesagt, Mauern schützen, stützen und spalten. Das gilt auch für Mauern im übertragenen Sinn. Zum Beispiel für virtuelle Mauern im Internet, die als „firewall“ fungieren. Konkret die „Great Firewall“ als digitale Version der Chinesischen Mauer, die die chinesischen Nutzer des Internet von Meinungsfreiheit und Demokratie abschirmt.

2 Mit sichtbaren Mauern leben
2.1 Stadtmauern

Ein besonderer Reiz geht von Stadtmauern aus. Blicken wir in die mittelalterliche Stadt. Betrachten wir beispielsweise Rothenburg ob der Tauber. Diese Stadt hat ihre Stadtmauern, Gräben, Schutzwälle, Türme und Tore bis heute erhalten. Trotz verheerender Kriege und Großbrände, trotz historischer Wechsellagen der Baukunst, der Wohn-, Gewerbe- und Infrastruktur und des Verkehrs baute man immer wieder an den überkommenen Wehranlagen. Die Stadtplanung gründet auf dem Denkmalschutzgesetz von 1826, das man dem kunstsinnigen und weitsichtigen bayerischen König Ludwig I. (1786-1868) verdankt.

Heute künden die Mauern dieser Stadt und vergleichbarer Städte im In- und Ausland das seinerzeitige Schutzbedürfnis der Menschen: Schutz vor Feinden, Machthabern, Plünderern und Dieben von Außen und vor Unruhestiftern im Innern. Zugleich konnten durch die Mauern Grenzen für Hoheitsrechte und Gerichtsbarkeit gezogen werden.

Städtische Mauern waren von großem wirtschaftlichen Wert, weil sie es ermöglichten, Maut und Zoll zu erheben. Auch das Stapelrecht, besser: der Stapelzwang, tat sein Übriges. Vorbeireisende Kaufleute mussten ihre Waren eine Zeitlang (an sog. Stapeltagen) in der Stadt zum Verkauf anbieten, wobei die Bürger oft ein Vorkaufsrecht besaßen. Außerdem wurden den städtischen Fuhrleuten und Schiffern das Umschlagsrecht, also das Recht zum Weitertransport, eingeräumt. Dem Stapelzwang konnten die Kaufleute entgehen, wenn sie eine Abgabe leisteten, die in die Kasse der Stadt floss.

Manche Burgherren und Raubritter imitierten diese Rechte, soweit die Burganlagen an Handelsstraßen und Schifffahrtswegen lagen. Konflikte waren programmiert. Im Ernstfall zog man sich hinter die Burgmauern zurück.

Argumente prallten an ihnen ab. Je mächtiger und höher die Mauer errichtet war, desto durchsetzungskräftiger fielen die finanziellen Forderungen aus.

Mit den Stadtmauern ließ sich eine ordnungsstiftende Idee verbinden. Durch die Zuteilung der Türme zu den einzelnen Handwerkerzünften und Kaufmannsgilden konnten einerseits Uniformen und Waffen aufbewahrt und der angrenzende Mauerabschnitt verteidigt werden. Andererseits stärkte diese Formierung den Zusammenhalt in der Bürgerschaft und den Bürgerstolz. Die mittelalterliche Mauer als Garant und Beschleuniger der gesellschaftlichen Identifikation! Übertragen formuliert: aus Statik erwächst Dynamik.

Im Unterschied zur früheren Maut an der Stadtgrenze wird die City-Maut in der Gegenwart beim Befahren eines Stadtgebietes erhoben. Man will mit dieser Innenstadtabgabe in erster Linie Autoverkehr und damit schlechte Luft, überfüllte Straßen, öde Parkplätze und übermäßigen Lärm vermeiden. Vielleicht gelingt es sogar, dass Autofahrer ihr Verhalten ändern, nur noch notwendige Fahrten unternehmen und sich Carsharing oder Fahrgemeinschaften anschließen. Die „Mautmauer" schützt die Bewohner. Sie öffnet sich gegen Entgelt, das der Stadt und den Bürgern zugute kommt. In mehreren Städten in Deutschland, zuvörderst in Berlin und Hamburg, ebenso in anderen Großstädten, die eine hohe Anziehungskraft auf Touristen ausüben, liebäugeln städtische Repräsentanten mit der City-Maut. Sie verweisen auf London und Stockholm, die eine City-Maut längst eingeführt haben. Zu bedenken ist freilich, dass damit Stadtbewohner ungleich behandelt und Stadtbezirke unterschiedlich gestaltet werden. Wie sollen Leistungs- und Lieferverkehr geregelt werden? Lässt sich der bürokratische Aufwand eingrenzen? Eine City-Maut kann dazu führen, dass Besucher- und Käuferströme ausweichen und anderswo hinfließen.

Für eine Verkehrswende ist noch eine Alternative zur City-Maut im Gespräch. Sie heißt Nahverkehrsabgabe. Im Unterschied zur City-Maut würde sie nicht beim Befahren eines Gebietes erhoben. Vielmehr hätten Anwohner und/oder Halter eines Kraftfahrzeuges im betroffenen Gebiet sowie zuliefernde Unternehmen vornehmlich in größeren Städten zweckgebundene Beiträge zu entrichten. Das Beitragsaufkommen könnte für die Entwicklung des öffentlichen Personennahverkehrs eingesetzt werden. Die Zahlenden erhielten ein Zahlungsticket respektive ein Ticket für den ÖPNV, der entsprechend strukturiert und „aufgerüstet" sein müsste, um die individuelle Straßennutzung zu verringern. Damit das betroffene Stadtgebiet von Pendlern weniger heimgesucht würde, müssten ÖPNV-Netz, Fahrplan und Taktzeiten regionalisiert werden.

Wegen zahlreicher Widerstände aus Wirtschaft und Politik, aber auch vom rechtlichen Standpunkt und vom bürokratischen Aufwand aus gesehen, ist eine Nahverkehrsabgabe umstritten und in Deutschland bisher bloße Theorie. Zu viele Probleme wären damit verbunden: Diverse Zuständigkeiten bei Bundes-, Landes-, Kreis- und Gemeindestraßen, schwierige Gruppierung der Abgabepflichtigen, vielschichtige Folgen beim teilweisen Verzicht auf die Nutzerfinanzierung durch die Fahrgäste für die Verkehrsunternehmen, unzulässige Zweckbindung einer etwaigen Gewerbesteuererhöhung zur Finanzierung des ÖPNV usw.

Sowohl die City-Maut als auch eine Nahverkehrsabgabe hätten eine Reduktion der Parkflächen zur Folge, so dass sich im öffentlichen Raum, aber auch bei privaten Parkhäusern, eventuell Bauland gewinnen und Bauverdichtungen mit Ladengeschäften und Wohnungen erzielen ließen.

Bekanntlich ist nach einer Phase der Ansiedlung in grüne städtische Außenbezirke und Umlandgemeinden ein Trend von Älteren und jungen Familien festzustellen, wieder in die Innenstädte zu ziehen. Ältere Menschen lieben deren Ambiente, leben ohne Autos und wollen Apotheken, Ärzte, Ämter, Läden, Kultur-, kirchliche und Wohlfahrtseinrichtungen, nicht zuletzt Freunde und Bekannte, zu Fuß erreichen können. Junge Familien schätzen in Gehnähe Kitas, Schulen, Einkaufsmöglichen, kurze Wege zu Behörden, Bussen und

Bahnen. Mit gut vernetzten Transportmitteln mit eigenen Bus- und Bahnspuren samt des Ausbaus von Fahrradstraßen und der IT-Infrastruktur lässt sich die Landflucht bremsen bzw. eine Balance zwischen zentralen Orten und Umlandgemeinden erlangen. Dann zählen Entfernungen nicht wirklich. Die Bürger der umliegenden benachbarten Kommunen können Ruhe, Stressfreiheit und Landschaft genießen, zugleich auch die Angebote von Handwerk, Handel, Dienstleistungen und Industrie in größeren Städten nutzen und teilhaben an deren urbanem, kulturellem und sportlichem Leben.

Einschneidend sind Fahrverbote für schmutzige Diesel-PKW. Mit dieser Maßnahme sollen weniger Stickstoffdioxid (NO_2) und Kohlendioxid (CO_2) ausgestoßen werden. Diese „Mauer" lässt sich zwar durch Hardware-Nachrüstung technisch durchbrechen, ist aber – je nach Art der gesetzlichen Verpflichtung – betriebswirtschaftlich für Autoeigner und/oder Autohersteller teuer und infolge der Aggregation volkswirtschaftlich belastend. Die „Mauerhöhe" hängt grundsätzlich von der Wertschätzung gesundheitlich besserer Luft ab. Danach bemessen sich die einzuhaltenden Grenzwerte.

2.2 Burgmauern

Schutz- und Trutzburgen im Mittelalter erfüllten mehrere Aufgaben: Sie schützten zum einen die Bevölkerung vor allem die Bauern, vor räuberischen Überfällen oder kriegerischen Angriffen, zum andern die Burgherren, deren Familie und Entourage vor Aufständischen, Gegnern und Feinden. Die Trutz-, Trotz- oder Wehrburgen betonten die wehrhafte Bedeutung der Burg mit ihren Mauern und sonstigen Festungsanlagen. Sie dienten oft als Stützpunkt im Gebiet von Konkurrenten dazu, Machtansprüche und Eroberungen bei rivalisierenden Machthabern durchzusetzen.

Mit der Erfindung des Pulvers und der Entwicklung von Schusswaffen und Kanonen im Spätmittelalter büßten Burgmauern samt Burg- und Wassergräben ihre Schutz- und Belagerungsfunktion ein. Gegen Artilleriebeschuss waren nur noch Bastionen und Kasematten tauglich. Die Schlösser im Zeitalter des Barock kannten keine Wehrmauern mehr, eher Ziermauern für Blumenbeete und Büsche. Die Schlösser wurden mit schmiedeeisernen Gittern und Toren versehen, hinter denen Soldaten als Haustruppe patrouillierten und Störer draußen hielten. Das Volk konnte und sollte die prunkvollen Paläste der Fürsten und Bischöfe mit angemessener Distanz in Augenschein nehmen. Damit wurden Macht und Reichtum demonstriert.

2.3 Gefängnismauern

Gefängnismauern umschließen Gefängnisse der verschiedensten Art. Es können Untersuchungshaft- und Justizvollzugsanstalten sein (wie im gegenwärtigen Deutschland), Konzentrationslager (wie unter dem Nazi-Regime), Arrestzellen, Arbeits- und Zuchthäuser, Kerker (man denke nur an das Château d' If, dem ehemaligen Gefängnis vor der Küste von Marseille, wo nach dem Roman „Der Graf von Monte Christo" von Alexandre Dumas Edmond Dantès schmachtete), Strafkolonien, Internierungs-, Ausbürgerungs-, Verbannungs- und Umerziehungslager (letztere in China beschönigend Trainings- und Transformationszentren genannt). Mauern oder zumindest Gitter und Umzäunung weisen auch Einrichtungen für Psychiatrie, Quarantäne, Sicherungsverwahrung oder Abschiebungshaft auf. Für den Hausarrest existiert zwar keine sichtbare Mauer, der Delinquent ist aber kommunikativ

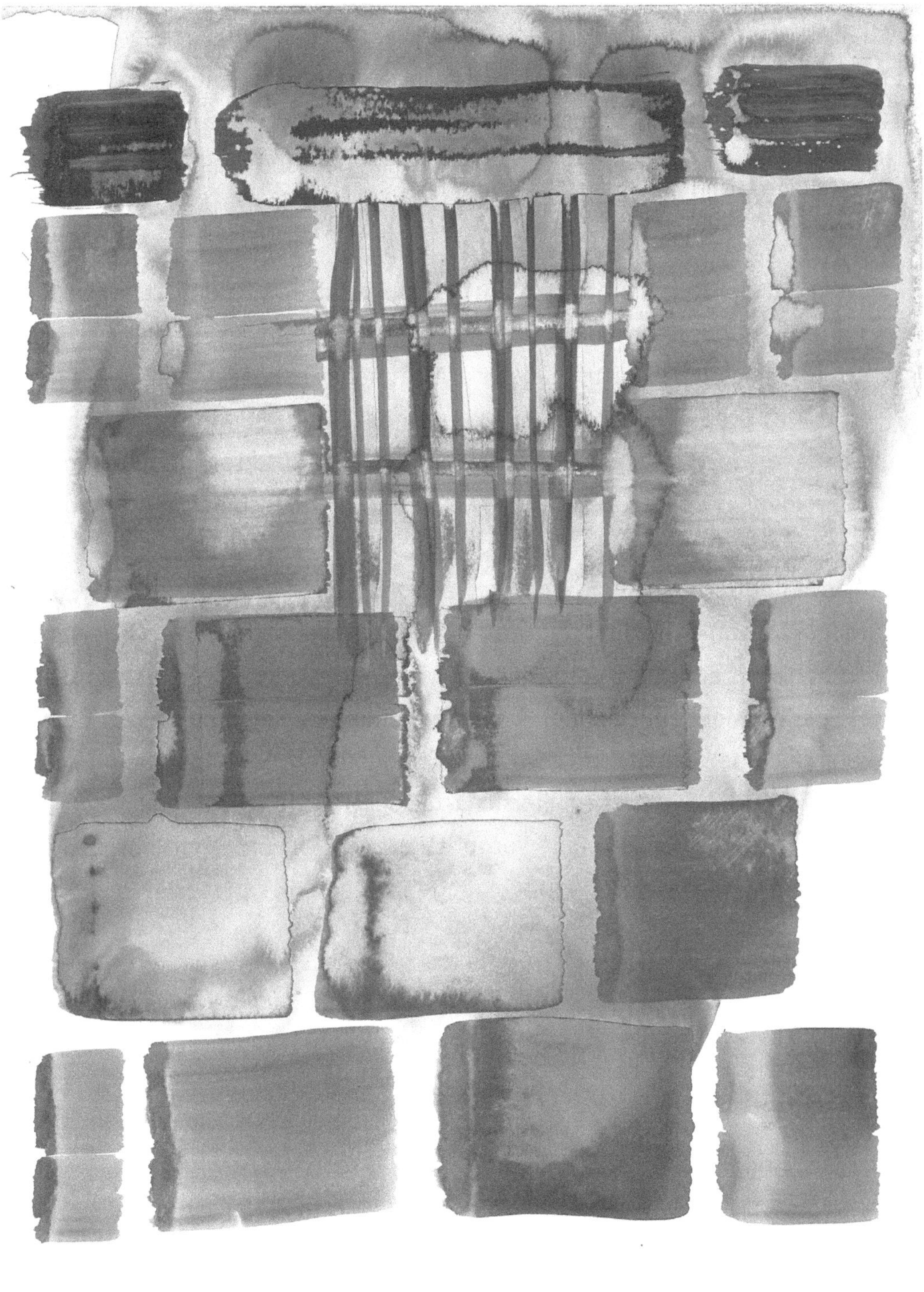

eingemauert. Grundsätzlich dienen Gefängnismauern zwei Zielen. Mit den Mauern werden zum einen Menschen aus rechtlichen, religiösen, rassistischen, medizinischen oder machtpolitischen Gründen weggesperrt. Zum andern sollen Gesetzesbrecher, andere Missetäter, Asylanten, Ungläubige, Märtyrer, Terroristen, Drogen-, Nerven-, Infektions- und Seuchenkranke, (in Diktaturen auch) Oppositionelle ihre Taten sühnen und „resozialisiert" oder ihr Fall oder Zustand geprüft werden.

Gefängnismauern sind der Inbegriff von Macht und Gewalt. Ihre Schutz- und ihre Läuterungsfunktion gelten im Rechtsstaat im Grundsatz als unbestritten, wenngleich ihre Ausmaße und Wirkungen Diskussionen hervorrufen. Ansonsten werden Gefängnismauern in ungezählten Ländern missbräuchlich genutzt. Dort setzt man Regimegegner und Aufrührer, gegebenenfalls auch Freidenker und unangepasste Ausländer, hinter Schloss und Riegel.

Was hinter Gefängnismauern geschieht und tabuisiert wird, sind drei Gegebenheiten: Gruppenbildung mit Freund- und Feindschaften, Gruppenzwänge mit Belohnung und mit Bestrafung; außerdem ein autoritärer Führungsstil. Er ist dadurch gekennzeichnet, dass der Wille des Gefängnisleiters durchgesetzt und das Verhalten der Gefangenen gesteuert wird nach dem Prinzip actio gleich reactio. Insassen, die sich trotz schwieriger Umstände ordentlich betragen, erfahren unauffällige Vergünstigungen. Unverbesserliche und aggressive Häftlinge oder Patienten hingegen werden diszipliniert.

Oft unbemerkt von der Öffentlichkeit griffen im Lauf der Geschichte hinter Gefängnismauern Sühne, Hass, Rache, Folter und Tod um sich. Für Gegenwart und Zukunft lässt sich desgleichen in vielen Ländern nicht ausschließen. Gefängnismauern umschließen stets etwas Geheimnisvolles. Diverse Einflüsse spielen eine Rolle: Staatsordnung und Staatsgewalt, Rechtslage und Rechtsentwicklung, reaktionäre oder progressive Politik; nicht zuletzt, wie konservativ, liberal oder radikal die Menschen sind und welcher Zeitgeist sie motiviert und manipuliert.

Manche Gefängnisse samt ihrer Mauern sind ob ihrer übertriebenen Strenge, verlotterten Hygiene oder korrupten Führung berüchtigt. Gefängnisrevolten sind dann keine Seltenheit. Geiselnahmen der Gefängniswärter, Forderungen der Agitatoren und Gefängnisausbrüche rütteln staatliche Gewalt und besorgte Bevölkerung auf. Um sich dagegen zu schützen, wurden immer wieder Gefängnisinseln eingerichtet. Außer Mauern hilft dann das Meer beim Wegsperren.

2.4 Klostermauern

Mönchs- und Nonnenklöster gehören zu den ältesten Institutionen der Menschheit. Ob es sich um Benediktinerklöster auf Bergen, Zisterzienserklöster in Tälern, Augustiner- und Franziskanerklöster in Stadtzentren oder um andere Klöster handelt, stets legten die Orden Umfassungsmauern an. Bis heute prägen sie gemeinsam mit Kirchenbauten das klösterliche Erscheinungsbild. Die Mauern erfüllen den Zweck, die Ordensregeln unbehelligt befolgen zu können und Störer fernzuhalten. Viele Klostermauern schließen ein „kulturelles Biotop" ein. In der Klausur als abgeschiedener Lebensraum fördert der christliche Glaube Bildung, Ernährung, Gesundheit, Seelsorge, Fürsorge, Forschung, Wissenschaft, Kunst, Handwerk und Technik. Modern formuliert: Glaube, Klöster und Klostermauern begründen Inventionen. Aus den Entdeckungen erwuchsen Neuerungen und diese Innovationen überwanden die Mauern und verbreiteten sich in der Welt.

Im Inneren des Klosters herrschen Zucht und Ordnung. Eine etwaige übertriebene Disziplinierung kann aber zur Folge haben, dass sich bei manchen Ordensleuten Weltferne und sogar Weltflucht einstellt und sich Klostermauern zu Mauern in den Köpfen wandeln. So behütend Klostermauern auch für die Klausur sein mögen, sie schotten Außenstehende und die Gesellschaft ab. In der profanen und säkularen Welt von heute bilden sie ein Überbleibsel vergangener Zeiten. Mit Klostermauern verbindet man Verzicht auf Selbstbestimmung und Freiheit. Immer weniger Menschen suchen ein Ordensleben hinter Klostermauern, zumal sie sowohl in Orden ohne Klostermauern als auch in Gemeinschaften oder als Single außerhalb von Orden leben und sich religiösen Aufgaben widmen können.

Gewiss schätzen manche Frauen und Männer nach wie vor die von Klostermauern eingefriedete strikte Alltagsbewältigung. Geringen Zulauf weisen noch immer meditative Orden wie Kartäuser und Trapisten auf. Doch bei den

meisten anderen Ordensgemeinschaften sinkt die Zahl der Mitglieder, selbst bei – im übertragenen Sinn – abgetragenen Klostermauern. Orden werden in unserer Zeit wohl nur ohne Klostermauern überleben. Dann haben sie eine Chance, den gravierenden Herausforderungen der teils orientierungslosen, teils utilitaristischen Gesellschaft zu begegnen.

Eng verbunden mit Klostermauern sind Kirchenmauern. Sie sollen zwar nicht von der Außenwelt abschotten, aber den Menschen Schutz gewähren oder eine Ruhezone bilden, in die man sich zu Gebet und Gottesdienst zurückziehen kann.

2.5 Klagemauern

Die bekannte Klagemauer, von Juden als westliche Mauer, hebräisch als Kotel bezeichnet, war die Westmauer einer früheren Tempelanlage in der Altstadt von Jerusalem. Sie ist gut 2600 Jahre alt, wurde immer wieder zerstört und aufgebaut und etwa 70 Jahre nach Christi Geburt vollendet. Annähernd 60 m lang und 20 m hoch, besteht sie aus mächtigen Kalksteinblöcken. Darin erblicken die Juden eine heilige Stätte für ihren Glauben und ein Symbol für den auf ewig angelegten Bund Gottes mit seinem Volk. In die Ritzen stecken betende Juden Gebetzettel, Wünsche und Danksagungen.

Klagemauern und verwandte Formen, etwa Plakatwände und Transparente, erfüllen zum Beispiel in Köln und anderen Städten die Funktion von öffentlich wirksamen Botschaften für Frieden und Gerechtigkeit oder von unübersehbaren Hinweisen auf Missstände und Gewalt. Obwohl es diesen Darstellungen manchmal an Objektivität und Toleranz ermangelt, lässt man sie gewähren, um der Zivilgesellschaft kein Ventil zu verschließen.

Die einen Mauern versinnbildlichen ein leises religiöses Zwiegespräch mit stummem Echo, die anderen streben nach offensiver politischer Agitation. Bei der vom Glauben erfüllten Jerusalemer Klagemauer kommt man zur Ruhe und Einkehr, bei Mauern als Pranger wird das Gegenteil ausgelöst: Unruhe und Aufmerksamkeit.

2.6 Bürowände

Eine besondere Kategorie von Mauern bilden Bürowände. In Großraumbüros werden sie zum Abtrennen von Arbeitsplätzen und Verbinden von Arbeitsprozessen genutzt. Bürowände bestehen aus verschiebbaren Wänden in Form von Regalen, Stellwänden aus Holz, Kunststoff, Spiegelglas, Stoffbahnen oder aus Kästen mit natürlichen oder künstlichen Pflanzen. Oft sind sie nur so hoch, dass sie im Sitzen Sitzschutz bieten. Außerdem schließen sie die Arbeitsplätze nicht undurchdringlich ab, sondern weisen bewusst Lücken auf. Wer sich erhebt, kann über die Wände hinwegsehen, und Kontakt zu Kollegen herstellen. Die Räumlichkeiten bieten Platz für Schreibtisch, Akten- und Garderobenschrank, oft auch für Sitzgruppen, und dienen als „Besprechungsinseln" in der „Bürolandschaft" für Beratung mit Kunden oder Gespräche mit Kollegen.

Diese Art Mauer steht fest und ist flexibel verstellbar, gliedert Räume nach Funktionen und Personen, hält kurze Wege und damit schnelle Interaktionen bereit, verbindet Geschlossenheit mit Offenheit und führt trotz vielfältigen Aufgaben, Verrichtungen und Arbeitszeiten zu einheitlichem Vorgehen und gemeinsamem Verständnis. Anders als in Zimmern, wo Vorgesetzte und Mitarbeiter allein sind und abgeschirmt sein können, finden zwischen „Insulanern" laufend Blickkontakte und Begegnungen statt. Eine Folge: die Mitarbeiter beaufsichtigen sich untereinander.

Das häufig gebrauchte Argument, die Mitarbeiter in Großraumbüros würden gleich behandelt, übersieht allerdings, dass die „Zellen“ durchaus unterschiedlich groß und komfortabel gestaltet sein und einzelne Mitarbeiter bevorzugt behandelt werden können. Auch persönliche Dinge lassen eine gewisse Privatsphäre zu. Bürowände schotten also nicht ab – sie schirmen ab, um einerseits ungestört, andererseits kooperativ arbeiten zu können. Diese Mauern wollen weder überwunden noch geschleift werden. Sie grenzen zwar ab. Sie grenzen aber nicht aus.

2.7 Brandmauern

Junge Leute verbinden mit dem Wort „Brandmauer“ eine „firewall“ als informationelles Zugangsschutzsystem im Internet. Für ältere Menschen schützen Brandmauern vor der Ausbreitung von Feuer. Man sieht solche Brandmauern bei Bauernhöfen. Zwischen dem Vorderhaus für die Familie und dem Stall samt Heu- und Strohboden ist vom Fundament bis zum Dach und manchmal sogar über das Ziegeldach hinaus eine mehr oder weniger dicke Ziegelsteinmauer als Feuerschutz hochgezogen. Unterbrochen wird sie nur durch eine Eisentür zwischen Wohnhaus und Stall im Erdgeschoss. An dieser Brandmauer enden selbst um das Haus führende Balkone.

In Flughäfen, Hotels, Theatern (zwischen Bühne und Zuschauerraum) und anderen Gebäuden mit viel Publikumsverkehr sind Brandmauern und bei Feuer sich automatisch schließende (Flügel-)Türen unentbehrlich und werden ergänzt durch nicht brennbare Materialien, Feuermelder, Sprenkelanlagen, Löschwasserleitungen und Feuerleitern. Das Gegenteil von Brandmauern bilden bei Feuer sich öffnende Tore, etwa in Kinos, Konzertsälen, Tanzlokalen und Diskotheken.

Eine besondere Art von Feuerschutz stellen Schneisen oder Wälle dar, die zum Schutz von sich ausbreitenden Waldbränden bei der Bepflanzung vorgesehen oder in den Forst geschlagen oder errichtet werden. Solche Schneisen stehen symbolisch für Mauern, die trennen und verbinden. Die Trennung sorgt für Schutz und fördert zugleich das Zusammenleben von Tieren in ihren Revieren im Wald.

Im übertragenen Sinn behütet ein Schutzwall vor Belästigungen (z.B. Stalking), Gerüchten, Verleumdungen, Verunglimpfungen bis hin zum Rufmord. Prominente in Politik, Gesellschaft und Wirtschaft erwehren sich auf diese Weise gegen derartige Übergriffe. Der Schutzwall besteht aus Telefonüberwachung, verborgenen Kameras, Bewegungsmelder, Fotofallen, verheimlichten Adressen, Datenschutz und Verzicht auf Berichte über „Persönliches" seitens der Journaille. Notfalls stattet der Staat betroffene Personen mit neuer Identität aus. Ein solcher Schutzwall hilft, die öffentliche Sphäre von der privaten zu trennen.

2.8 Staumauern

Sie haben eine besondere Bewandtnis. Mit ihrer Hilfe gelingt es, ein Stück Natur, nämlich Wasserläufe, zu zivilisieren. Mit einem Absperrbauwerk zumeist aus Beton und in Form einer Talsperre wird ein Fließgewässer zu einem See gestaut. Wassergefälle und Rohrströmung erzeugen in einem Kraftwerk am Fuß oder unweit der Staumauer Strom. So begehrt diese Energie auch sein mag, man muss mit manchen Folgeproblemen rechnen. Der Eingriff in die Natur kann Wasserdruck, Temperatur, Erosion, Kleinklima, Vegetation und Landschaft verändern. Die Staumauer spaltet Menschen und Gesellschaft, je nachdem, wer davon profitiert wie Verbraucher, Unternehmen und Allgemeinheit, oder existenziell bedroht wird, seien es Anrainer, Eigentümer,

Umsiedler, sonstwie Geschädigte oder Naturschützer. An Staumauern und ihren technischen Leistungen zeigen sich zivilisatorischer Fortschritt und zugleich Naturvereinnahmung, gegebenenfalls auch soziale Übervorteilung namentlich für am Fluss lebende Bewohner. Positive und negative Wirkungen (sog. externe Effekte) sucht man mit Nutzen- Kosten-Analysen mengen- und wertmäßig zu erfassen. Dabei spielen Annahmen, Planungshorizont, Zinssatz und Prognosen für das Ergebnis eine maßgebliche Rolle.

Ob und inwieweit große folgenreiche Staudammprojekte realisiert werden, hängt allerdings vom obwaltenden Zeitgeist (Für und Wider technische Errungenschaften) ab und wird von der geltenden Staatsverfassung (demokratisches System oder totalitäres Regime) beeinflusst. Staumauern ergeht es wie anderen Infrastrukturvorhaben von erheblicher lokaler, regionaler, nationaler oder internationaler Bedeutung. Große Bahnhöfe und Flughäfen, weitläufige Gewerbegebietserschließungen, der Bau von Eisenbahntrassen, Autobahnen, Brücken, Tunneln, Kanälen und Pipelines sowie Siedlungsprojekte stoßen regelmäßig auf Widerstand Betroffener und sonstiger Kritiker und müssen sich entweder rechtsstaatlichen Verfahren stellen. Oder es werden Mauern autoritär per Dekret hochgezogen und Gegner zum Schweigen gebracht.

Ein durch Konstruktions- oder Bedienungsfehler, Verschleiß, Kurzschluss, Flugzeugabsturz, Bomben, Feuer oder Erdbeben veranlasster Dammbruch kann eine verheerende Katastrophe auslösen. Ähnlich ist die Situation bei einem GAU (größtmöglich anzunehmender Unfall) eines Atomkraftwerkes. Selbst Zwischen- und Endlagerung, Transporte und Wiederaufbereitung hochradioaktiven Materials sind mit unkalkulierbaren Risiken verbunden.

2.9 Grenzmauern

Als große staatliche Mauern kennt man die Chinesische Mauer, den Hadrianswall und den Limes. Die Chinesische Mauer ist mit 20 000 km das längste Bauwerk auf Erden. Sie erstreckt sich über 15 Provinzen, autonome Gebiete und Städte. Rund 25 000 Türme dienten als Unterkünfte für Soldaten und als Waffenlager, weitere 15.000 als Signaltürme. Im 7. Jahrhundert v. Chr. begonnen und bis ins 17. Jahrhundert n. Chr. erbaut, erfüllte diese Zyklopenmauer im Wesentlichen drei Aufgaben: Sie schützte den Staat zum einen gegen nomadische Reitervölker, Tataren und Mongolen aus dem Norden, zum andern gegen sich untereinander bekämpfende Chinesen. Drittens bot sie dem Handel und der Seidenstraße Schutz und half bei der Überwachung des Handels sowie des Personen- und Geschäftsverkehrs.

Diese zuletzt genannte Ordnungsfunktion an den Grenzübergängen, insbesondere die Erhebung von Zöllen, stand auch im Vordergrund der römischen Grenzbefestigungen in Britannien, nach dem Erbauer Kaiser Hadrian Hadrianswall genannt. Zwischen 122 und 128 n. Chr. mit einer Länge von 117,5 km und zahlreichen Kastellen errichtet, sollte er kleinere Überfälle schottischer und irischer Stämme und deren unkontrollierte Migration abwehren.

Ähnliche Aufgaben führten zum Bau des Grenzwalls Limes im 1. bis 6. Jahrhundert nach Christi Geburt. Er sicherte das römische Reich in Europa, Vorderasien und Nordafrika gegen fremde Völker. Der obergermanisch- raetische Limes zwischen Rhein und Donau ist 550 km lang und bildete die Außengrenze des römischen Imperiums gegenüber den germanischen Stämmen. (Außengrenze mehr im Sinn einer Wirtschaftsgrenze als einer militärischen Abgrenzung des römischen Herrschaftsbereichs.) An den zahlreichen, von römischen Soldaten gesicherten Grenzübergängen entwickelte sich für die Menschen diesseits und jenseits des Limes ein florierender Handel. Römische Legionäre und Auxiliarsoldaten ließen sich dort nieder und trugen zur Romanisierung der Gebiete bei.

Quintessenz dieser Mauerbauten: Ihre Existenz gewährleistete Sicherheit und schuf Ordnung. Sie regten als Landmarken und Reibungspunkte den Austausch von Ideen, Menschen und Waren an – entgegen der landläufigen Meinung, dass Grenzbefestigungen Gebiete abschließen bzw. isolieren. Das mag kurzfristig zutreffen. Langfristig werden sichtbare Mauern zunächst gedanklich, später auch tatsächlich übersprungen. Letzteres geschieht entweder revolutorisch oder evolutorisch erst durch Lücken, schließlich weiträumig.

2.10 Außengrenzen

Zu einem souveränen Staat als rechtlich verfasste Gemeinschaft gehören Staatsgewalt, Staatsvolk und Staatsgebiet. Aus juristischer Sicht ist der Staat eine Gebietskörperschaft. Ein fest umgrenztes Territorium ist zwar nicht begriffsnotwendig, sichert aber in der heutigen Zeit die Unverletzlichkeit des Herrschaftsgebietes bzw. die Gebietshoheit. Die Außengrenzen trennen den Staat von Nachbarländern und Drittstaaten. Im so eingegrenzten Nationalstaat herrscht ein Rechtssystem und existiert eine Volkswirtschaft. Schlagbäume, Zollschranken, Grenzbefestigungen, Transitzonen und Behörden für Ausländer, Ein- und Ausreisende, Ein- und Ausfuhr machen Außengrenzen kenntlich. Diese stellen eine Mauer de jure und de facto mit geregelten Durchlässen dar. Ohne (individuelle oder generelle) staatliche Genehmigung gibt es keinen Pass, keine Grenzüberschreitung bzw. kein Passieren. Zwischen befreundeten Staaten können Außengrenzen unmerklich sein. Bei unfriedlichen Auseinandersetzungen werden Außengrenzen zu politischen oder militärischen Bastionen.

In der Süddeutschen Zeitung, Nr. 173 vom 28./29. Juli 2018, S. 23, titeln die Autoren Cerstin Gammelin und Benedikt Müller einen Artikel mit „Mauern gegen China". Sie beschreiben die ablehnende Entscheidung der Bundesregierung beim Einstieg chinesischer Investoren in zwei deutsche Firmen. Ablehnungsgrund: Gefahren für die öffentliche Sicherheit und Ordnung durch eine ausländische Beteiligung an oder Übernahme von Unternehmen im Bereich kritischer Energieinfrastruktur und wichtiger und sensibler Technologie.

Nicht selten ist von der EU-Außengrenze oder gar von der Festung Europa die Rede. Bekanntlich haben seinerzeit die 28 Mitgliedstaaten der Europäischen Union eine gemeinsame Außengrenze vereinbart. Sie dient der Kontrolle und Steuerung des Personen-, Kapital-, Waren- und Dienstleistungsverkehrs. Für Ein- und Ausreisen, monetäre Zu- und Abflüsse, Importe und

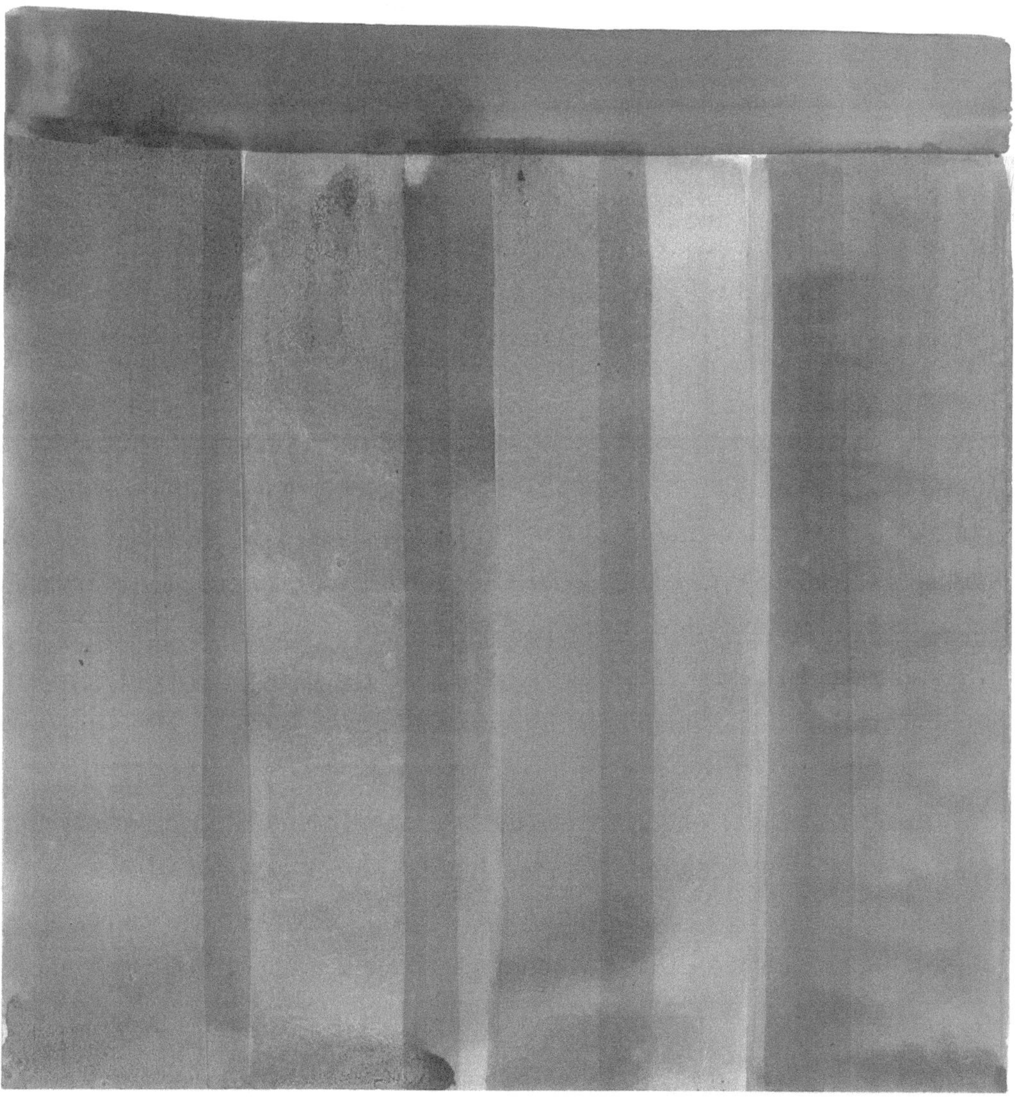

Exporte und andere Transfers verfügt die EU-Außengrenze über weite oder enge Spielräume. Festung Europa bedeutet, dass die EU-Außengrenze für Unternehmen außerhalb der Europäischen Union ein Nadelöhr bildet, das die Mitgliedstaaten von außen abschottet. Inzwischen sind durch den Brexit (ohne Großbritannien) nur noch 27 Staaten EU-Mitglied.

Generell lässt sich derzeit feststellen, dass sich in vielen Ländern Widerstand gegen eine allzu rigorose Globalisierung erhebt. Sie ist durch eine immer stärkere Vernetzung des Welthandels gekennzeichnet, die multinational agierende Unternehmen in mächtige globale Konzerne verwandelt, die ihre Produkte standardisieren und weltweit anbieten. Ausgangspunkt für den Widerstand war die Finanzkrise, die gebeutelte Regierungen veranlasste, protektionistische Maßnahmen zu ergreifen. Der Rückzug ins Nationale macht die Außengrenzen dieser Staaten dichter, schränkt internationale Zusammenarbeit ein und steuert auf Handelskriege zu. Man muss nicht an die Depression nach dem Finanzcrash des Jahres 1929 erinnern, um mögliche gravierende Folgen für Frieden, Demokratien und Wohlstand vorherzusagen.

Außengrenzen von Staaten und Staatengemeinschaften können sich in mentale Mauern, lies: in nationalistisches Denken und Handeln, wandeln. Politiker und Bevölkerung identifizieren sich in diesem Fall radikal mit ihren Ländern diesseits und jenseits der Grenzen. Soweit solche Außengrenzen insbesondere autoritären, dynastischen, populistischen oder militärischen Ereignissen geschuldet sind, dürften sie dazu beitragen, dass bei den Einwohnern hüben und drüben Feinbilder entstehen.

Außengrenzen vermögen zweierlei: sie schützen die Bevölkerung und können sie zugleich spalten. Die Mauer als Außengrenze der DDR „schützte“ vor vermeintlichen Aggressionen sowie vor angeblich destruktiven Republikflüchtigen. Bei den DDR-Bewohnern spaltete die Mauer Befürworter und

Gegner. Da diese Außengrenze zugleich eine innerdeutsche Grenze bildete, war das Pro und Contra der Bevölkerung in der Bundesrepublik Deutschland nicht minder heftig.

Wie zahlreiche Vorfälle zeigen, spaltet die gemeinsame EU-Außengrenze die Regierungen der Mitgliedstaaten. In der EU-Flüchtlingspolitik wird das Regelwerk über die Außengrenze unterschiedlich ausgelegt und angewandt. Einige Länder ziehen die Hürden respektive Mauern sehr hoch, andere weniger hoch. Welche einheitliche Höhe die EU-Außengrenze aufweisen soll, ist der Diplomatie überantwortet oder muss durch ein gerichtliches Vertragsverletzungsverfahren festgestellt werden.

2.11 Binnengrenzen

Außengrenzen einzelner Mitgliedstaaten in einer Staatengemeinschaft werden zu Binnengrenzen innerhalb dieser Gemeinschaft, bleiben aber Außengrenzen gegenüber anderen Staaten. Je nach Verflechtungsintensität in Form der Abgabe von Souveränitätsrechten an die Gemeinschaft sind die Binnengrenzen hoch (bei geringem Verzicht von Hoheitsrechten) oder niedrig (bei umfassender Rechteübertragung). Binnengrenzen dienen vor allem der Gliederung des Staates, zum Beispiel in Gliedstaaten (Flächen- und Stadtstaaten) bei föderativem System, und zur Stufung der Behörden und Raumordnung sowie der Gerichte. Binnengrenzen trennen Bundesländer, Regionen, Bezirke, Landkreise, kreisangehörige Kommunen, kreisfreie Städte und Ortsteile.

Binnengrenzen sind rechtlicher Natur, von finanzieller Bedeutung und dennoch für Bürger und Unternehmen teilweise kaum erkennbar; teilweise aber doch mit Wirkungen von großer Tragweite verbunden. Nach dem Zuschnitt von Verwaltungsgebieten richten sich unter anderem Zuständigkeiten für Anträge, Verfahren, Besteuerung, Finanzierung, Ausschreibungen, (Schul-, Krankenhaus-, Entsorgungs-) Trägerschaften, auch politische und administrative Einflussnahmen, Arbeits- und Zeitaufwendungen der Antragsteller und Aufenthaltserlaubnisse. Unpassierbar werden solche Grenzen, wenn sie um ein Militärgebiet oder um kontaminierte Standorte gezogen sind oder ein Sperrgebiet nach einer Katastrophe und zur Gefahrenabwehr einschließen.

Wo der unmittelbare staatliche Bezug fehlt und Grenzen in erster Linie als Begrenzung von Eigentum an Grund und Boden dienen (in Flur-, Gemarkungs- oder Liegenschaftskarten, in Grundbüchern und Immobilienverträgen), verlieren staatliche Binnengrenzen ihre Bedeutung. Grenzen im privaten Bereich können zum Schutz von Immobilieneigentum als Mauern aufgeführt werden. Bau- und Nachbarschaftsrecht beschränken Höhe und Ausführung. Denkmal- und Ensembleschutz tun ein Übriges, gegebenenfalls auch ohne Einvernehmen mit Betroffenen.

Das Gegenstück zur Ummauerung ist eine Entwicklung zur Grenzenlosigkeit. Sogenannte grenzenlose Unternehmen erweitern durch digitale Technik und Logistik frühere Einzugs- bzw. Versorgungsgebiete, bieten ihre Produkte über Länder und Kontinente hinweg an, kennen keine Grenzen bei Werbung, Akquirierung von Führungspersonal oder Zulieferungen. Drohnen erlauben den Blick über Mauern hinweg, überfliegen Wehranlagen und andere Hindernisse und tragen ein nützliches oder schädliches, eventuell gar zerstörerisches Potenzial mit sich. Fazit: erbaute Mauern werden obsolet. (Die Diskussionen über beständiges Eigentum an Grund und Boden oder über zeitlich begrenztes Erbbaurecht befeuern diese Entwicklung.) Viele Mauern hatten ihre Zeit. Langfristig gesehen findet wohl eine Entmauerung statt. Das gilt selbst für Mauern im Internet, die trotz „firewalls" von Softwareentwicklern heimgesucht werden und auf Dauer Hackern nicht widerstehen können.

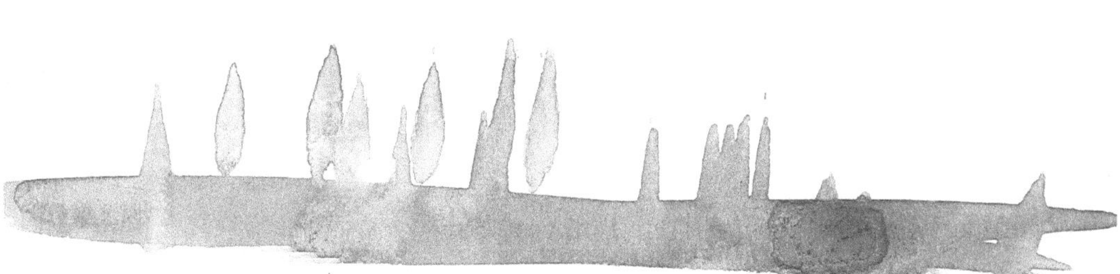

3 Weit verbreitet: Gesellschaftliche Mauern

3.1 Rechtliche Vorgaben

Man nehme das Grundgesetz für die Bundesrepublik Deutschland vom 23. Mai 1949 (BGBl. S.1, BGBl. III 100-1) zur Hand und markiere in den Artikeln 1 bis 19 die Grundrechte mit grüner und ihre Begrenzungen mit roter (Ampel-) Farbe. Das Ergebnis zeigt eine Mixtur aus grünen Freiheits-, Schutz- und Gewährleistungsnormen sowie roten Aufsichts- und Eingriffsrechten, Beschränkungen, Vorbehalten, Zulassungsvoraussetzungen und Grundpflichten. Die rote Farbe setzt den verfassungsmäßigen Rahmen bzw. bildet gewissermaßen die rechtlichen Mauern ab, innerhalb deren sich die Menschen selbstbestimmt entfalten können. Diese Vorgaben sind unerlässlich, weil sonst liberalistisches Chaos ausbrechen würde. Es stellt sich allerdings die Frage, wie niedrig oder hoch die Restriktionen sein sollen. Im Grundgesetz wurde eine mittlere Linie verankert. Man könnte sie als maßvoll oder gemäßigt bezeichnen. Die eine oder andere Norm mag zu eng oder zu weit ausgefallen sein. Dem einen oder anderen fehlen gar Grundrechte, etwa ein Recht auf Arbeit oder Wohnung.

Jedenfalls bilden die Verfassungsnormen – um im Bild zu bleiben – den Zenit der Mauer. Sie räumen den Bürgern einerseits Abwehrrechte gegen staatliche Machtentfaltung ein, andererseits erlegen sie dem Staat Pflichten zum Schutz und zur Förderung der Bürger auf. Ausgehend davon sichern hohe Vormauern in Form von Gesetzen die Rechtsbeziehungen zwischen Staat und Bürgern sowie zwischen Bürgern untereinander. Subsidiäre Fassungen für den Alltag der Menschen enthalten gesetzlich abgeleitete Verordnungen, die niedrigere Vormauern verkörpern. Antragsteller bei Behörden haben für die angestrebten Verwaltungsakte Mauern, hier: Paragrafen, zu überwinden. Vergleichbare Barrieren sehen auch die diversen zivilrechtlichen Bereiche vor, etwa wenn Verträge oder einseitige Rechtsgeschäfte abgeschlossen werden. Auf Absichtserklärungen und Vertraulichkeitsvereinbarungen folgen

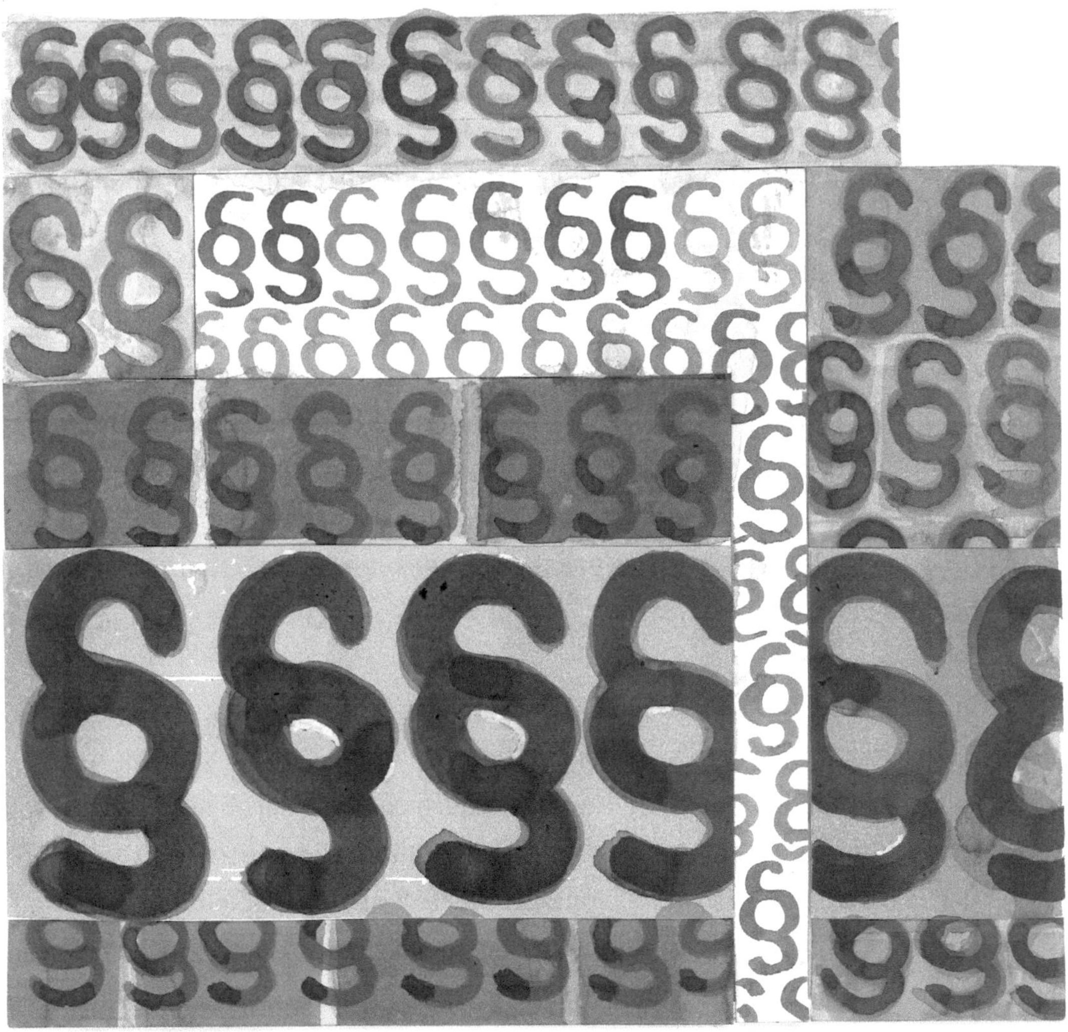

oft Vertragsverhandlungen, die je nach Relevanz bei Fusionen noch die Mauer des Kartellverfahrens überwinden müssen.

Zusätzliche, ins Einzelne gehende Vorgaben schreiben bestimmte Verhaltensweisen vor. So regeln zum Beispiel Gemeinschaftsordnungen Rechte und Pflichten von Miteigentümern – unter anderem Instandsetzung, Modernisierung oder bauliche Veränderungen. Hausordnungen enthalten konkrete Aufgaben von Mietern. Und alles geschieht im Rahmen des Wohneigentümergesetzes (WEG), das wiederum auf dem Grundsatz der Unverletzlichkeit der Wohnung in Art. 13 Grundgesetz basiert.

Man kann verstehen, dass vielen Menschen diese rechtlichen Einmauerungen missfallen. Sie sind unübersehbar und dem Zeitgeist geschuldet, der dem Legalismus frönt. Die Gesetzgeber Europäische Union, Deutscher Bundestag und die Landtage sowie die satzunggebenden Kommunen reglementieren extensiv das gesamte Leben der Menschen bis hinein in alltägliche Details. Gesellschaftliche Strukturen und Abläufe, Inhalte und Entscheidungen sind und werden rechtlich festgelegt. Verstöße gegen Vorgaben, Auflagen, Ge- und Verbote und sonstige Beschränkungen werden staatlich sanktioniert. Eine Folge dieses restriktiven Regimes besteht im Aufbegehren von Bürgern. Sie mobilisieren Gegenkräfte gegen allzu enge staatliche Bindungen. Missachtung mit Wut und teilweise Hass machen sich breit, weil einem politische Bevormundung und bürokratische Fesseln nicht passen.

Die Menschen möchten Gesetze und Recht und Standards als Leitplanken für Sicherheit, im Übrigen sich frei betätigen können. Akzeptiert werden zum Beispiel Akkreditierungen im Hochschulbereich und Zertifizierungen von Arztpraxen und anderen freiberuflichen Tätigkeiten. Nicht Sicherheit zu Lasten der Freiheit wird präferiert, sondern Sicherheit soll Freiheit garantieren. Sichere Rentenzahlungen sollen im Alter auskömmlich sein, aber auch ein zusätzliches Einkommen erlauben. Nicht Sicherheit um der Sicherheit willen wird gefordert. Vielmehr bilden innere und äußere Sicherheit, der Schutz vor Elementar- und anderen Schäden, Arbeits- und Vertragssicherheit, Datenschutz und Datensicherheit, Produkt- und Qualitätssicherung, Bau-, Betriebs- und Verkehrssicherheit (letztere auf der Erde, zu Wasser, in der Luft und im Weltraum) ein Mittel zum Zweck eines freiheitlichen Lebens. Freiheit wiederum ist Voraussetzung für Frieden. Der Regierende Bürgermeister von Berlin Ernst Reuter (1889-1953) formulierte treffend: „Friede kann nur in Freiheit bestehen."

3.2 Monetäre Mauern

Neben diesen rechtlichen Vorgaben sind es vor allem monetäre Mauern, die uns einerseits schützen und stützen, andererseits belasten. Deutlich zeigen das zum einen gesetzlicher Mindestlohn, tarifliche Vereinbarungen, Festpreise bei rezeptpflichtigen Arzneimitteln, die Buchpreisbindung oder Gebührenordnungen für Ärzte und andere freie Berufe. Die Schutz- und die Stützungsfunktion dieser monetären Mauern kommen gesellschaftlich bedeutsamen („systemrelevanten") Bevölkerungs-, Berufs- und Branchengruppierungen zugute. Deren Existenz gilt als essentiell. Kritik rufen weniger die administrativen Preise an sich hervor, mehr deren Höhe. Sie bemisst sich dem Recht entsprechend nach den Kosten. Tatsächlich ist die Mauerhöhe aber abhängig vom angestrebten Einkommen der betroffenen Personen und Institutionen. Kein Wunder, dass Lobbyisten den mauererbauenden Gesetzgebern zusetzen.

Die Erhebung von Verwaltungs- und Benutzungsgebühren, Beiträgen (z. B. von Anliegern für Straßenbauinvestitionen) und weiteren Kommunalabgaben gehört ebenfalls in die Rubrik „monetäre Mauern". Diese Abgaben haben regelmäßig Kosten zur Grundlage und ihr Aufkommen ist in Bund und Ländern und in vielen Gemeinden und Gemeindeverbänden heiß umkämpft. Von Besteuerung und Sozialabgabenpflicht gar nicht zu sprechen, die sowieso die individuellen und institutionellen Handlungsmöglichkeiten merklich begrenzen. Um es deutlich anzusprechen: Öffentliche Abgaben schränken zwar ein, sichern aber begrenzte Freiheiten bzw. gewährleisten Spielräume. Mit Hilfe monetärer Mauern gelingt es, Sicherheit und Freiheit zusammenzufassen, statt (wie es im Untertitel dieses Buches heißt) als Gegensatz verstanden zu werden.

Finanzielle Hürden stellen sich nicht nur Käufern, Steuerzahlern und Sozialabgabenpflichtigen in den Weg. In Betrieben und Behörden bilden Investitions- und Finanzpläne, laufende Budgets oder haushaltsrechtliche Vorgaben monetäre Mauern, die die Aktivitätsspielräume begrenzen. Oft sind diese Mauern eine Art schwächstes Glied, das Gestaltung und Wachstum zügelt. Hilfen zur Verstärkung verspricht man sich von zusätzlichem Eigen- und Fremdkapital bei Unternehmen oder von höheren Steuern, Beiträgen, Gebühren und Entgelten bei öffentlichen Verwaltungen.

Das Erlangen von Stipendien, Subventionen, anderen Fördermitteln und sonstigen Zuwendungen bedeutet, dass es glückt, über eine finanzielle Mauer zu springen. Ähnlich verhält es sich bei Anstellungen und Beförderungen, bei der Erhöhung von Löhnen und Gehältern, Provisionen und Tantiemen. Manchmal ist von finanzieller Schallmauer die Rede. Damit meint man den Kursanstieg an der Börse oder den Gewinn- oder Umsatzzuwachs eines Unternehmens oder den Durchbruch eines aufsteigenden Managers bei der Höhe seines Einkommens.

Monetäre Mauern können sich auch auftun, wenn Marktpreise unangemessen hoch sind. Das kann Konsumenten, Einzel- oder Großhändlern, Lieferanten und Produzenten passieren. Der Gründe gibt es viele: Falsche Kalkulation, schlechte Markteinschätzung, schwierige Finanzlage des Unternehmens, Zeit- oder Preisdifferenzierung. Bei Zeitdifferenzierung wird ein Produkt zunächst mit großer Ausstattung offeriert (z.B. gebundene Bücher mit festem Einbanddeckel) und nach etwaiger Nachfragesättigung später schlicht aufgemacht (z. B. als geleimte Paperback-Ausgaben) auf den Markt

gebracht. Mit Preisdifferenzierung versuchen Anbieter, Zahlungsbereitschaft und Zahlungsfähigkeit ausgewählter Zielgruppen für die Abnahme ihrer Produkte zu gewinnen.

Der Kauf eines Sachgutes oder einer Dienstleistung hängt vom Preis ab, die Aufnahme eines Kredits von den Kreditbedingungen und ein Investment von Kurs und/oder Rendite. Bei der Kaufpreiszahlung eröffnen sich oft Alternativen, wie man diese monetären Mauern abtragen oder zerbröckeln kann. Das ist im Wesentlichen eine Sache von Verhandlungsmacht, Verhandlungsgeschick und Entgegenkommen.

Wie werden beispielsweise Produktqualitäten eingeschätzt? Was hält der Passagier im Zug, Schiff oder Flugzeug von der 1. Klasse, bei der er mehr bezahlen muss als in der 2. Klasse? Bei Lebensmitteln und medizinischen Leistungen, Kleidung, Mobiliar und Wohnungen, Anlagen und Maschinen, bei Hotels und in der Gastronomie und überhaupt bei den meisten Produkten spielt abgesehen von Größen und Mengen die Leistungsgüte eine Rolle für die Preishöhe. Zur Produktqualität zählt auch, wo und wann das Produkt zugänglich ist. Dieser eher technologischen Qualität steht eine ökonomische Sicht gegenüber. Als wirtschaftlich qualitätsvoll erscheint jenes Produkt, das eine hohe kaufkräftige Nachfrage auslöst oder etwa als Luxusgut einen Imagewert verkörpert, der (jenseits der Materialgüte) einen hohen Preis erzielen lässt. Die Qualität des Produktes bzw. der Leistung zeigt sich ökonomisch betrachtet also im Marktwert und keineswegs im ethischen Sinn von wertvoll. Für ungesunde Ess- und Trinkwaren, Suchtmittel, Schundliteratur und -filme oder Prestigeobjekte werden hohe Preise verlangt und bezahlt, will sagen: hohe finanzielle Mauern erklommen.

Eine Vielzahl von Produkt- und Handelsklassen mit differierenden Preisen begünstigen finanzschwache Schichten in der Bevölkerung. Trotzdem sind noch viele Mauern für Alleinerziehende, Kinder, Langzeitarbeitslose und bedürftige Alte allzu hoch. Hier könnte das umstrittene bedingungslose Grundeinkommen – zumindest für jene Menschen – hilfreich sein. Der bisher kaum erwähnte Vorteil des bedingungslosen Grundeinkommens besteht darin, dass es den Menschen sowohl Sicherheit zumindest bei Bedürfnissen mit bescheidenem Umfang bietet als auch Freiheiten schafft; anders gesagt: weitgehend unabhängig macht von Beschäftigungsverhältnissen, die bekanntlich mit zunehmend globalisierten Arbeitsmärkten immer volatiler werden. Vermutlich entkrampft sich auch die Situation zwischen Arbeitslosen und Erwerbstätigen. Die Zahl der Ehrenamtler wird steigen, mit ihnen die Tauschwirtschaft zunehmen. Alters- und Ruhestandsgrenzen, die besonders bei Ausbildung und Studium sowie im vorgerückten Alter bestehen, dürften schwinden. Vielleicht werden die Menschen häufiger Ausbildungs-, Studien- und Weiterbildungsgänge, ebenso Arbeitsplätze, wechseln und aneinanderreihen. Zur hauptberuflichen Arbeit treten vielfältige Nebentätigkeiten hinzu. Das bedingungslose Grundeinkommen schafft ein finanzielles Fundament, das das gesamte berufliche und gesellschaftliche Leben flexibilisiert.

Letztlich entscheidend sind Vorhandensein und Verfügbarkeit von Geld. Es erfüllt eine ähnliche Aufgabe wie das Blut im Kreislauf und die Information in der digitalen Welt. Geld strömt dorthin, wo es gebraucht wird. Dort nimmt es die Hürden der Zahlungen.

3.3 Soziale Barrieren

In einer klassenlosen Gesellschaft dürften grundsätzlich keine sozialen Barrieren vorhanden sein. Da es aber keine klassenlose Gesellschaft gibt, sind soziale Barrieren verbreitet. Als soziale Barrieren kann man Hindernisse bezeichnen, die sich den Individuen gesellschaftlich stellen. Im Mittelalter war man von Geburt an einer Gruppe zugeordnet – entweder dem Lehensherrn oder Vasallen, später dem Nähr-, Lehr oder Wehrstand, als Handwerker den Zünften und als Händler den Gilden. Den Staat repräsentierten Adlige, Kleriker, Offiziere, am Rande auch Professoren der Landesuniversitäten. Die meisten Menschen arbeiteten als Bauern und unfreie Untertanen. Ein Wechsel zwischen den Ständen oder gar ein Aufstieg blieb eine verwickelte Ausnahme.

Noch in Zeiten der Monarchie – etwa ab der Mitte des 18. Jahrhunderts in Frankreich und im 19. Jahrhundert in Deutschland – suchten sich die Menschen vom staatlichen Oktroi zu befreien. Doch auch nach den Umwälzungen und der Einführung von Republiken und entsprechendem Verfassungsrecht mit Gleichheit vor dem Gesetz, Gleichberechtigung zwischen Mann und Frau, Chancengleichheit usw. sind solche soziale Barrieren zwar juristisch gefallen, praktisch aber mannigfach existent. Beklagt werden noch immer ungleiche Bildungschancen, Benachteiligung von Frauen, Vorurteile gegenüber Ausländern, Vorbehalte gegenüber Alleinerziehenden und Arbeitslosen, Argwohn zwischen Ossis und Wessis sowie Befangenheit gegen Behinderte. Schirmen hier vermeintliche soziale Barrieren ab, dann bleiben die Betroffenen ihrer Clique, Gruppe, Klasse oder Schicht verhaftet. Tarifbeschäftigte Arbeitnehmer werden von Tarifmauern, Rentner von Rentenmauern eingekesselt. Oft gelingt nur wenigen Außenseitern ein Quereinstieg mit Aufstiegschancen.

Gründe für soziale Barrieren lagen und liegen auf der Hand. Mit ihrer Errichtung schützt man sich und seine Fraktion, Partei, Gemeinschaft oder Gesellschaftsschicht vor unliebsamen oder konfliktbeladenen Auseinandersetzungen.

Jene, die soziale Barrieren überwunden haben, bleiben dennoch häufig ihrer Herkunft durch ihren heimischen Dialekt und ihre Anpassungsschwierigkeiten und Lebensauffassungen verbunden. Manchmal entfremden sie sich ihrer ursprünglichen Gruppierung, ohne dass sie den internen Zirkeln der höheren Schicht angehören. Als Folge kann sich ein Schamgefühl bei Aufsteigern einstellen – selbst wenn sie in das Bildungs- und Besitzbürgertum vorgestoßen und von ihm aufgenommen worden sind. Je mehr Aufsteiger soziale Barrieren problemlos übersteigen, desto offener ist eine Gesellschaft.

Als Motto für eine einverständliche Entwicklung böte sich an: Ausbildung stoppt Einbildung! Gute Ausbildung samt erfolgreiches Studium und lernende Beobachtung vermögen auf Dauer die zwischenmenschlichen Standesmauern einzureißen. Die Hinwendung zum Ausgleich und die Abkehr vom Klassenbewusstsein kennzeichnen eine reifere humane Gesinnung. Die Überspringer sozialer Barrieren – in der Metapher Mauer: die Mauerbezwinger – stellen schnell fest, dass in den neuen Kreisen die Verhaltensweisen sich zwar stärker an formalen Anforderungen orientieren, die dortigen Logiken aber, das heißt die Zusammenhänge von Ursache und Wirkung sowie von Mittel und Zweck, den bisher erfahrenen Gesetzmäßigkeiten weitgehend ähneln. Hier wie dort bestehen nur (von außen und innen) begrenzte Freiräume zur Selbstverwirklichung. Gewiss verschafft das höhere Einkommen attraktive Optionen (der inakzeptable Coup: sog. goldene Visa und Pässe für reiche ausländische Besucher im portugiesischen Madeira oder in Malta). Für am unteren Rand der Gesellschaft Lebende ist der finanzielle Bewegungsspielraum dagegen eher eng gezogen.

3.4 Karrierebedingungen

Hohe zu erklimmende Mauern hält das Berufsleben bereit. Die Anstellung von Angestellten oder die Einstellung von Beamten(anwärtern) ist in der Regel an formale Voraussetzungen wie Zeugnisse, Zeitdauer und Alter gebunden. Für den Zugang zum öffentlichen Dienst fordert Art. 33 Abs. 2 Grundgesetz Eignung, Befähigung und fachliche Leistung. Ohne ausdrücklich formuliert zu sein, gilt das auch im privatrechtlichen Bereich.

Anders als früher, als man hauptsächlich die vergangene Berufsausübung beurteilte, wird heute namentlich bei Beförderungen nach dem Potenzial gefragt, das man den Bewerbern (lies metaphorisch: Mauerstürmern) zutraut. Zum Leistungspotenzial zählen sowohl Kenntnisse (engl. knowledge) als auch Können (engl. skills). Anders gesagt: eine wesentlich Hürde ist, dass Wissen gebündelt und vernetzt angewendet werden kann (engl. know-how). In höherwertigen Tätigkeiten spielen generalistisches und interdisziplinäres Wissen eine zunehmende Rolle, ebenso die intellektuellen Fertigkeiten, nämlich Urteilsvermögen, Problemlösungspotenzial, Reflexionskraft, Kreativität und das Abschätzen von Entwicklungen. Die auszuwählenden Personen sollten zudem über technokratische und kommunikative Kompetenzen verfügen. Zum einen also über Planungsmethoden, Strategieplanung, Einsatz von IuK-Technologie; gegebenenfalls auch über manuelle Geschicklichkeit. Zum andern ist Wert zu legen auf Führungsstil, Kontaktfähigkeit, Teamfähigkeit, Solidarität und Umgangsformen. Bedingungen für eine Karriere (in Behörden, Unternehmen, Verbänden, Instituten usw.) sind selbstverständlich auch physische und psychische Eigenschaften wie Energie, Fleiß, Belastbarkeit, Sensibilität, Gesundheit, Durchsetzungsvermögen und Selbstkontrolle.

Um das Bild der Mauer heranzuziehen, kann man sich Folgendes vorstellen: Nicht nur der zu befördernde Mitarbeiter will durch das Nadelöhr der Karrieremauer schlüpfen. Auch der Vorgesetzte oder die Vorgesetzten und manche Mitarbeiterkollegen sind in gewisser Weise von Mauern umringt. Grundsätzlich gilt: Hierarchien sind Mauern. Die Position von beurteilenden Vorgesetzten kann gestärkt werden, wenn der beförderte Mitarbeiter tatkräftig zupackt und beispielweise in Projektteams einschlägig mitwirkt. Einer Befreiung kommt auch gleich, wenn ein schwieriger Mitarbeiter, vielleicht sogar ein potenzieller Konkurrent, weggelobt wird. Hält ein Beförderter hingegen nicht, was man sich von ihm versprochen hat, kann das zur Schwächung und Isolierung von Vorgesetzten führen, im Extremfall zum Verlust von Autorität, zu Widerstand, Sabotage, Arbeitsverweigerung und Verleumdung.

Im Kreis der Mitarbeiter sehen sich oft mehrere berufen, höherwertige Stellen zu erklimmen. Der geradlinige Weg über eigene Stärken wird von Rivalen geschwächt, indem sie schlecht reden, Leistungen des Kollegen abwerten, intrigieren und ihn persönlich mobben. Es können sich Fronten oder Zirkel bilden, die ihre Interessen zu verwirklichen und Einfluss auf Personalentscheidungen auszuüben suchen. Ist man in der Gruppenzugehörigkeit verfangen, kann das leicht zu Ressortegoismus ausarten. Dann schirmen sich Arbeitsgruppen, Abteilungen, Fach- oder Geschäftsbereiche oder einzelne Betriebe oder Behörden von anderen ab, geben wenig Informationen preis und nehmen kaum Rücksicht auf gesamtheitliche Leistungen und Lösungen. Für Forschungsinstitute oder Sicherheitsbehörden mögen Ressortmauern ratsam erscheinen, bei anderen Organisationseinheiten hindern sie Koordination und Kooperation und schaffen Intransparenz und Ineffizienz. Absonderungen bei Quarantänestationen von Krankenhäusern, auch Schotten in U-Booten und anderen Schiffen, sperren aus guten Gründen Personen aus, nicht aber Informationen über Lage und Verlauf der Ereignisse.

Für den Werdegang von Aufsteigern ist im Zeitalter der Digitalisierung Netzwerken von grundlegender Bedeutung. Anspruchsvolle Tätigkeiten lassen sich selten allein durchführen. Führungs- und Fachkräfte sind auf Informationen anderer angewiesen. Bei der Hierarchisierung von Organisationen spielt außer Art, Schwierigkeitsgrad, Qualität und Volumen der Aufgaben immer mehr der Informationsfluss eine Rolle: wer hat wem was, wie und wann zu berichten? Es sind Informationen, also zweckbetonte Daten, die Mauern durchbrechen können und sollen!

4 Mauern in den Köpfen: Engstirnigkeit

4.1 Unwissenheit und Unfähigkeit

Man kann über den Zeitgeist räsonieren und nach den vorherrschenden Ideen und Lebensauffassungen unserer Epoche fragen. Trotz des wohl dominanten Fortschrittsglaubens und des unermesslichen Zugriffs auf Erfahrungen, Entdeckungen, Erkenntnissen, Tatsachen, Zahlen usw. ist Unwissenheit weit verbreitet. Je tiefer Forscher schürfen und Wissenschaftler vordringen, desto verständnis-, rat- und sprachloser bleibt die Menge der Menschen zurück und verliert den Anschluss.

Selbst im eigenen Fach- und Sachgebiet nimmt die Expansion an Inhalten, Methoden, Regeln, Techniken weltweit derart zu, dass es immer schwieriger wird, Über- und Einblick zu behalten. Spezialisierungen, ausländisches Wording, internationale Sprachen, interkulturelle Vielfalt von Normen, Werten und Verhaltensweisen verwirren Durchschnittsbürger, lies: die „ganz normalen Menschen". Was vereint sie? Unwissenheit. Immer mehr Experten wissen sehr Spezielles und weniger Generelles. Das führt zu Isolation und Gruppenbildung. Immer mehr Mitmenschen verfügen zwar über Fertigkeiten im Umgang mit modernen elektronischen Medien. Dennoch leidet die persönliche Kommunikation. Junge Menschen sprechen eine Jugendsprache, Handwerker, Freiberufler, Akademiker, Wissenschaftler ihre Fachsprachen, und ansonsten verwendet man den alltäglichen Wortschatz ohne profundes Wissen. Unwissenheit und Sprachlosigkeit, im äußersten Fall Leseunfähigkeit, nähren Vorurteile, Gerüchte, Populismus und Emotionen, mit anderen Worten: türmen Mauern zwischen Menschen, Unternehmen, Staaten.

Eine gern praktizierte Methode besonders in Unternehmen, nicht minder in Behörden, besteht darin, Kollegen, Rivalen, selbst Vorgesetzte, bewusst im Unklaren zu lassen. Man schließt sie dann aus, behält das Ruder in der Hand, kann zu gegebener Zeit Informationen und Lösungen liefern, sich profilieren und Andere ins Abseits schieben. Es werden Dinge und Verfahren ange-

kündigt, aber keine Inhalte preisgegeben, weil man daran gemessen werden kann. Es gehört zur Routine, über positive Ergebnisse und auch nur in gefälliger Sprache mit attraktiven Bildern zu berichten.

Wie zum Wissen das Können gehört, wird Unwissenheit gewöhnlich von Unfähigkeit begleitet. Wer nicht Bescheid weiß, kann nichts bewerkstelligen. Wie lässt sich diese These umkehren? Am Beispiel des Handwerks könnte es gelingen, Ignoranz und Inkompetenz zu verringern oder zu beseitigen.

Beispiel: Baustelle Handwerk

Es empfiehlt sich, die handwerkliche Ausbildung auf die zeitgemäßen Herausforderungen auszurichten. Handwerke sind heute anspruchsvoller denn je. Zur Berufsausübung benötigt man kaufmännische, rechtliche, technische und informationelle Kenntnisse, die man praxistauglich anzuwenden vermag. Erfolgversprechend ist eine duale Ausbildung an Berufs-, Verwaltungs- und Wirtschaftsakademien und an entsprechenden Hochschulen. Sie hat in Deutschland seit langem Furore gemacht und müsste weiter an Boden gewinnen. Dual heißt Theorie und Praxis zu verbinden, indem wissenschaftliche Erkenntnisse in manuelle Fertigkeiten münden. Man sollte die duale Ausbildung als deutschen Exportschlager weltweit einführen. Den Volkswirtschaften käme dies gelegen, denn außer Deutschland klagen viele industrialisierte oder dienstleistungsorientierte Länder an mangelnden Fachkräften, besonders an gut qualifizierten Handwerkern. Im Übrigen erfüllt das Handwerk eminent wichtige Funktionen. Es bildet einen gesellschaftlichen Mittelstand und ist Mittler zwischen und in Industriebetrieben, ebenso zwischen und in Handelsbetrieben, und für Haus- und Wohnungseigentürmer, Konsumenten, gemeinnützige Dienste und Einrichtungen sowie für sämtliche öffentliche Verwaltungen unerlässlich.

Die Intensivierung des Handwerks hierzulande und anderswo müsste auf drei Motivationsstrategien beruhen. Erstens wäre das Image bzw. das Ansehen zu verbessern. Es leidet unter dem falschen Verständnis, als sei handwerkliche Arbeit weniger bedeutend und geistig anspruchslos. Das ruft die zweite Strategie auf den Plan, nämlich die Überheblichkeit akademischer Bildung abzubauen und ihre Verknüpfung mit den Handwerken aufzubauen. Drittens müsste man eine Handwerkskultur schaffen. Schon das Wort existiert nicht (anders hingegen Industriekultur). Die Handwerkskultur hätte die Kulturgeschichte des Handwerks, der Handwerksberufe und der Werkzeuge und Maschinen der handwerklichen Arbeit zu beinhalten, darüber hinaus die Geschichte der Manufakturen, die Sozialgeschichte der handwerklichen Arbeit und die Architekturgeschichte der Werkstätten. Es sollte deutlich werden, was das Handwerk zur Erhaltung von Kulturgütern und zur Pflege der Kulturlandschaft vollbringt. Hervorragende Leistungen von Prüfungskandidaten müssten mehr als bisher mit Preisen, Stipendien usw. von Handwerkskammern und Stiftungen honoriert werden.

4.2 Unwahrheiten (Lug und Trug)

Was uns heutzutage besonders zu schaffen macht, ist der beinahe unverfrorene Umgang mit der Wahrheit. Statt der vollumfänglichen Wahrheit äußert man in der Geschäftswelt und im gesellschaftlichen Leben Teilwahrheiten. Man versucht es mit einem Körnchen Wahrheit und ansonsten mit Tricks, Tarnung, Täuschung, Falschaussagen, Verschleierung, Verschweigen, im äußersten mit Lügen und Betrug. Solche Unwahrheiten, neuerdings gern als „alternative Fakten" bezeichnet, untergraben das Vertrauen in Personen und Institutionen. Der Vertrauensverlust hat zur Folge, dass man keinen Verlass mehr auf Mitmenschen verspürt und sich einigelt.

Unwahrheiten sind gang und gäbe. In Film, Funk, Printmedien und Internet gehört Schleichwerbung zum Programm. Heimlich werden Produkte platziert, ohne dass man sie als Werbung erkennt. Manipuliert werden Verbraucher, indem Lebensmittel unklar gekennzeichnet werden. Bei Brot wird beispielsweise groß mit Roggen als Rohstoff geworben, obwohl es daraus nur zum geringsten Teil besteht und vornehmlich andere Kornsorten enthält. Zusatzstoffe und Herkunftsregionen bleiben oft ungenannt. Liefertermine von Autos, Geräten, Möbeln usw. werden zugesagt, wenngleich von vornherein feststeht, dass die Fristen überschritten werden. Verzögerungen bei Bauten weist man gesetzlichen Anforderungen (z.B. dem Brandschutz) zu, tatsächlich beruhen sie aber auf unkoordinierten Betriebsabläufen oder betrieblichen Versäumnissen. Forscher legen Forschungsergebnisse vor, die auf irrealen Annahmen oder unwahren Beweisen basieren. Doktoranden setzen sich über Regeln einwandfreien wissenschaftlichen Verhaltens hinweg und legen Plagiate vor. Internetkonzerne greifen unberechtigt auf personenbezogene Daten ihrer Nutzer zu. Gerüchte und medizinische Nachweise von betrügerisch genutzten Dopingmitteln bei Spitzensportlern erschüttern das Vertrauen in Personen und den Sport. In den Kirchen grassieren sexuelle Missbräuche von Geistlichen und Heimleitern an Kindern und werden verschleiert oder verschwiegen („Mauer des Schweigens"). Banken und Börsen-

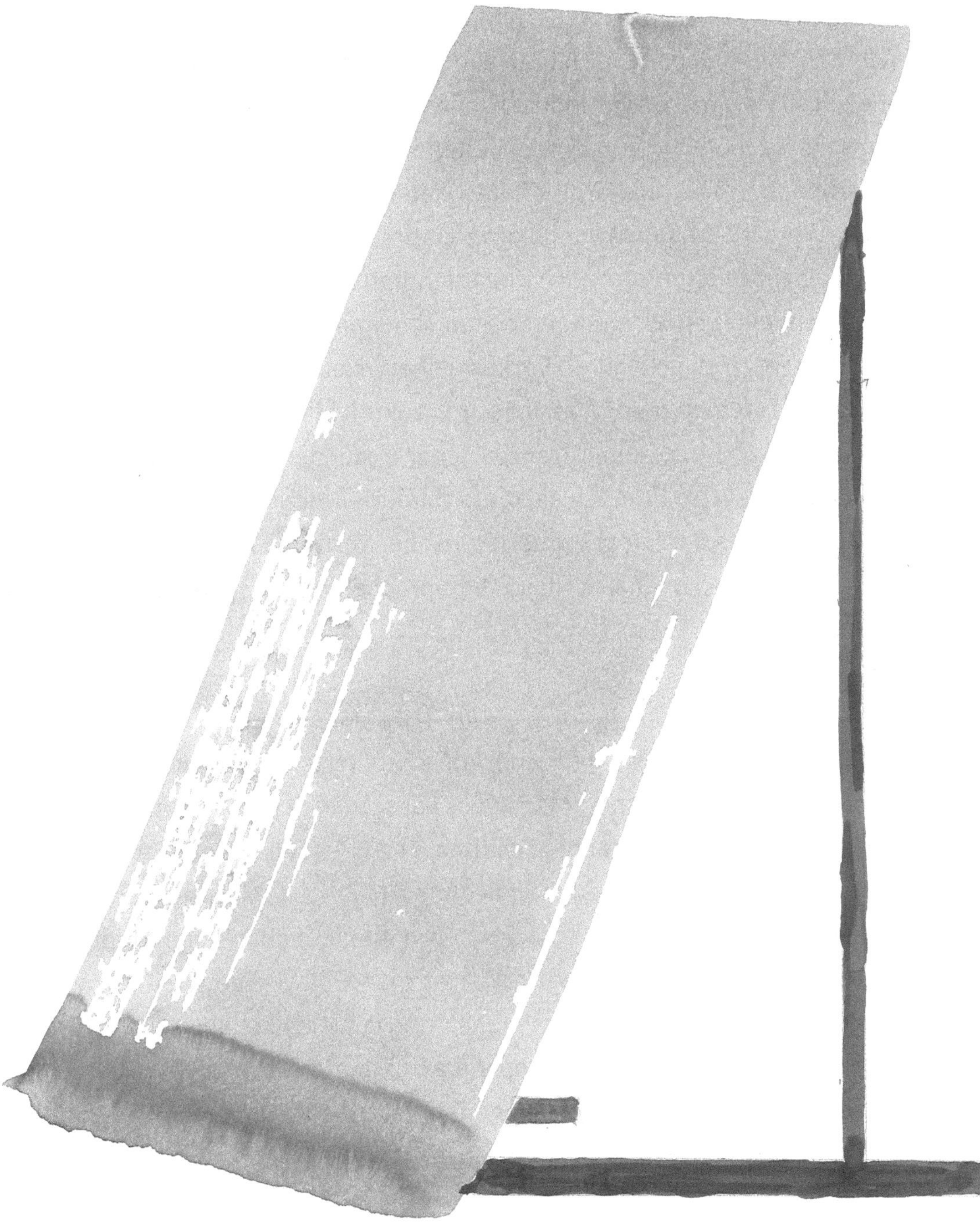

händler sollen beim Handeln von Aktien mit (Cum) und ohne (Ex) Dividende den Fiskus um Milliarden € betrogen haben. Banken müssen wegen Geldwäsche und Beihilfe zur Steuerhinterziehung hohe Bußgelder bezahlen. Bei vielen Bürgern sind Steuerdelikte anhängig, die von CDs oder Whistleblowers ausgelöst werden. Große Industrieunternehmen werden wegen verbotener Preisabsprachen und illegal Beschäftigter belangt. Autoherstellern wird vorgeworfen, bei Dieselmotoren Käufern falsche Verbrauchszahlen genannt zu haben. Falsche Angaben von Migranten erschweren Asylverfahren. Im Übrigen bleiben sie strafrechtsfrei. (Im Aufenthaltsrecht sind sie allerdings strafbar.) Vermieter von Wohnungen bieten sogenannte Fake-Wohnungen an und betrügen Interessierte durch Vorkasseüberweisungen. Populistische Parteien (z.B. Rassemblement National in Frankreich) suchten mit Falschaussagen (z.B. über den deutsch-französischen Freundschaftsvertrag von Aachen im Januar 2019) im Europawahlkampf Stimmen zu gewinnen (konkret wurde behauptet, dass das Elsass unter deutsche „Vormundschaft" gestellt würde, weil die Grenzregionen am Rhein die Sprache des jeweiligen Nachbarn fördern sollen).

Es verwundert nicht, dass „Lug und Trug" Menschen gefährden, ihre Orientierung an Recht, Religion und ethische Werte zu verlieren. Verbreitete Unwahrheit macht einsam! Menschen kapseln sich ab, errichten Barrieren, um sich von solchen Machenschaften abzugrenzen. Gemeinschaftsgefühl schwindet. Hinter ihren selbst errichteten Mauern fühlen sie sich zwar frei und sicher, aber beides ist trügerisch wie eine Sandbank, die schnell überflutet werden kann. Vom Staat erwartet man Bollwerke gegen Kriminalität und Unordnung. Doch er kommt gegen widrige Wechsellagen respektive bedrohte Lebenswelten nur schleppend an, wie sich im Kampf gegen Armut, Kindersterblichkeit, Seuchen, Drogen, Prostitution, Waffenhandel, Warlords, Migration und Terrorismus zum einen zeigt.

Zum andern können globalisierte Waren-, Dienstleistungs- und Finanzmärkte, ideologische und religiöse Missionen, international tätige Personen und Institutionen und internationaler Flüchtlingsstrom und Massentourismus einzelne Staaten schwächen. Aus dieser Schwäche heraus wurden Mauern gebaut wie zum Beispiel Mauern im nordirischen Belfast, zwischen der Bundesrepublik Deutschland und der DDR oder zwischen Nord- und Südkorea. Mauern erweisen sich als vordergründig autonom und hilfreich. Denn in Wirklichkeit und auf lange Sicht beschränken Grenzen die Handlungsfähigkeit. Letztlich sind in diesem Kontext staatliche Mauern kein Zeichen von Stärke, eher von Schwäche.

Das Entdecken von Wahrheit, zugleich umgekehrt von Unwahrheit, geschieht mittels rechtlicher Regeln vor Gericht, Glaubenssätzen in Religion und Weltanschauung und wissenschaftlich bewiesener Erkenntnisse. Wie ist es aber im alltäglichen Miteinander von Menschen? Hier herrschen statt Erkenntnissen Bekenntnisse vor. Man folgt gern seinen Emotionen, auch Vorurteilen, und zimmert sich die Wahrheit zurecht, anders gesagt: mauert an der eigenen, vermeintlich wahren Perspektive. Dann hat man eine subjektive Meinung meinetwegen über Gesetzesflut und Bürokratie, Lobbyismus, Föderalismus, Verkehrsstau, Brexit, Wohnungsnot, Ausländerkriminalität, E-Mail-Betrug, Geldwäsche, Doping im Sport, Homo-Ehen, Vergewaltigung, Waffenexporte, Freitod, Todesstrafe usw. Es wird gewöhnlich weder danach unterschieden, ob ein Sachthema oder eine Wertefrage zu beurteilen ist, noch werden objektive und rationale Entscheidungen getroffen. Wahrheit und Unwahrheit sind eher unbequeme Kriterien. Man nimmt lieber Fakten so wahr, wie sie gelegen kommen, einem Recht geben, eigene Kritik stützen oder Frust verringern.

Auf einen GAU läuft es hinaus, wenn sich autoritäre Machhaber auf Unwahrheit stützen und das Volk ihnen blind folgt. Schon in der Sage vom Rattenfänger von Hameln Ende des 13. Jahrhunderts (nacherzählt von Brüdern

Grimm) verbanden sich Unwahrheit und Ignoranz mit tragischem Ergebnis. Auch Beispiele aus der jüngeren und jüngsten Geschichte ließen und lassen Unheil heraufziehen. Trotz wiederkehrender, äußerst gefährlicher Entwicklungen, die der Potentat mit äußerer und innerer Sicherheit begründet, wird Freiheit geopfert und der Bürger seinem Schicksal überlassen.

4.3 Unsicherheit und Risikoscheu

Unsichere Erwartungen im öffentlichen und privaten Leben der Gegenwart begegnen viele Menschen mit reserviertem oder abwehrendem Verhalten. Sie suchen Zuflucht bei Gesetzgebern, Versicherungen oder Heilkundigen oder schirmen sich ab. Sie opfern gewissermaßen ihre Freiheit zugunsten von mehr Sicherheit. Die Folgen liegen auf der Hand. Politisches, soziales und wirtschaftliches System verkrusten, es fehlt ihnen die liberale Komponente, und die fortschrittliche Entwicklung bleibt auf der Strecke.

Mit dem Gefühl von Unsicherheit wachsen die Ängste. Man fürchtet sich vor Terrorismus, politischem Extremismus, Flüchtlingszuzug, Luftverunreinigung und Klimaverschlechterung, Raubbau von Wäldern, Versiegen von Rohstoffen, vor Pandemien (wie Ebola-Seuche oder Coronavirus), Genmanipulation, vor klassischen und sozialen Medien, der Überforderung von Politikern und Behörden, überhaupt vor dem Morgen und seinen Risiken. Um sie abzuwenden oder erträglicher zu gestalten, bestehen hierzulande (weltweit wohl einmalig) fünf umfängliche Zweige der gesetzlichen Sozialsicherung (beginnend 1883 mit der Krankenversicherung, 1884 – Unfallversicherung, 1889 – Rentenversicherung, 1927 – Arbeitslosenversicherung und 1995 – Pflegeversicherung), abgesehen von privaten Lebens- und Sachversicherungen in großer Zahl mit bedeutendem Einfluss. Versichert werden Leistungen im Todesfall und während der Lebenszeit (in Form einer Leibrente), ebenso mit dem Leben eines Menschen verknüpfte Risiken (bei Heiraten, Geburten, Berufsunfähigkeit). Sachversicherungen erstecken sich auf Rechtsschutz

und Rechtssicherheit, Datenschutz und Datensicherheit. Man sucht Schutz vor Feuer-, Wasser-, Hagel-, Sturm- und anderen Elementarschäden. Abgesichert werden private Objekte (z.B. Haftpflichtversicherung), Verträge (z. B. Vermögensversicherungsschutz für Manager), Ereignisse (z.B. Wetterlagen) und Erwartungen (z. B. Sport- und Wettspiele). Versicherbar sind auch Stand- und Tragwerkrisiken, Produktqualitäten, Online-Banking und Währungsrisiken, um einige außergewöhnliche Schutzbedarfe zu nennen.

Ist es vielleicht Risikoscheu, die die German Angst beflügelt? Für die Sicherheit bzw. für das Vermindern von Unsicherheit werden unvorstellbar hohe Mittel eingesetzt. Kein Schritt, keine Fahrt, kein Flug, keine Tätigkeit, überhaupt jedwedes Dasein von Menschen, Tieren, Pflanzen, von Boden, Wasser, Luft und Raum wird von Sicherheitsüberlegungen und –handlungen begleitet.

Im Folgenden dazu drei Beispiele aus dem deutschen Alltag: Ärztliche Kunstfehler, nicht minder Fehler in anderen Berufen, lassen sich nicht ausschließen, weshalb Berufshaftpflichtversicherungen abgeschlossen werden. Führungskräften in Unternehmen unterlaufen Fehlentscheidungen, wogegen sich Manager mit Vermögensschadenhaftpflichtversicherungen schützen. Kraftwerke müssen aus Gründen eines sicheren Betriebs, Rückbaus oder Abbruchs hohe Rückstellungen bilanzieren.

Angenommen, die German Angst existiert tatsächlich. Bei der Suche nach einer Erklärung wird man auf die jüngere deutsche Geschichte zurückgreifen können. Sie ist geprägt von Kriegs- und Nachkriegserfahrungen, Naziterror und Repressionen in der DDR. Unter der Kanzlerschaft Konrad Adenauers wünschte man sich „keine Experimente“, Bundeskanzlerin Angela Merkel gestaltete ihre Politik „ohne Alternative“. Anders gesagt: Optionen sind obsolet, risikobehaftet.

Risiken wollte man in Deutschland schon früher ungern eingehen. Deshalb betonte man eine formierte Ordnung und bemühte sich, unwägbare Störungen zu verhindern. Von schützenden Stadtmauern war bereits die Rede. Sie grenzten das Innenleben der Stadt ein. Dieses lag in Händen von Bürgerschaft und Stadtrat, bestehend aus Patriziern als Vertreter angestammter wohlhabender Familien, die in der Regel auf Bestandswahrung Wert legten. Im Mittelalter entwickelten sich Beerdigungs- und Deichgenossenschaften, im Bergbau entstanden Knappschaften, im Alpenraum Alpgenossenschaften. Soweit sie sich als Solidargemeinschaften verstanden, wurden persönliche Risiken sozial ausgeglichen. Später gründete man Einkaufs- und Kreditgenossenschaften auf Initiative der Sozialreformer Hermann Schulze-Delitzsch (1808-83) und Friedrich Wilhelm Raiffeisen (1818-88). Wenngleich der britische Unternehmer Robert Owen (1771-1858) als Begründer der Genossenschaftsbewegung gilt, hat sich das Genossenschaftsprinzip (Freiwilligkeit, Demokratie, Partizipation, Autonomie, Bildung, Kooperation und Vorsorge) besonders in Deutschland stark ausgebreitet. Es kann durchaus sein, dass diese Tendenz von Ausländern als typisch deutsch erkannt und mit der German Angst verquickt wird. Manchmal ist man versucht, Genossenschaften mit Kapitalgesellschaften zu vergleichen. Dann klassifiziert man prinzipiell erstere unter „risikoarm“, letztere unter „risikoreich“.

Statt sich seinen Ängsten zu unterwerfen und sich abzuschotten, sollte man sich den Problemen stellen und Lösungen suchen. Keine Risiken scheuen, sondern sich von Notlagen befreien und Chancen ergreifen, eigene Auffassungen und die Anderer prüfen, in größeren Zusammenhängen denken und eigenverantwortlich handeln. Mit der Selbstbestimmung respektive Selbstverwirklichung gelingt es, Freiheit und Sicherheit auszubalancieren. Bei Unsicherheit und Risikoscheu kann sich Freiheit schlecht entfalten. Sie bedarf ihrerseits einer rechtsstaatlichen Ordnung, damit die Freiheit des Einzelnen mit den Interessen der Gemeinschaft harmoniert. In Deutschland ist das Bundesverfassungsgericht der Hüter der Freiheit. Es setzt das Freiheitsversprechen des Grundgesetzes für jeden Einzelnen durch, ohne die Erfordernisse guter staatlicher Organisation und Verwaltung zu vernachlässigen.

Oben wurde für eine gute Ausbildung in handwerklichen Berufen plädiert. Hier wird für mehr Selbstständigkeit eingetreten. Mit Selbstständigkeit ist nicht nur gewerbliche oder freiberufliche Selbstständigkeit gemeint. Sie umfasst auch selbstständiges und eigenverantwortliches Sinnieren, Evaluieren, Kritisieren, Respektieren, Initiieren und Realisieren. Das muss erlernt und erfahren werden – schon in der Kita und in der Schule. Die Wurzel der Selbstständigkeit ist Selbstbewusstsein. Seine Würde zu kennen, seine Fähigkeiten abzuwägen, seinen Wert für Dritte sich vorzustellen und deren Wertschätzung einzuordnen, macht dem Menschen bewusst, wer und wie und was er ist. Ohne zu übertreiben kann gesagt werden, dass sich durch Selbstbewusstmachen sogar der Sinn des Lebens – zumindest des diesseitigen Lebens – erschließt. Um die Metapher der Mauer zu bemühen: der selbstbewusste Mensch fühlt sich weder eingemauert noch thront er als Beherrscher auf der Mauerzinne. Er überwindet die Mauer oder anerkennt ihre schützende und stützende Funktion.

Im Unterschied zu Ländern wie USA, Kanada und Australien, bei denen der Pioniergeist die republikanische Entwicklung prägte, führte in Deutschland bis 1919 der monarchische Staat die Regie. Die Obrigkeit achtete durch Normen und Konventionen auf die Einhaltung strikter Hierarchie und Loyalität. Gedankenfreiheit, liberales Verhalten und selbstständiges Handeln waren eher die Ausnahme. Freiheitliche Denker, Dichter und Journalisten wurden seinerzeit spektakulär von den Justizbehörden verfolgt. Die Standesgesellschaft richtete sich auf König, Adel und Kirche aus, in ihrem Gefolge auf Militär und auf die im 19. Jahreshundert aufkommenden „Industriebarone". Öffentliches und privates Leben vollzogen sich in geordneten und sicheren Bahnen. „Safety first" war zwar damals kein Schlagwort, wohl aber gängige Praxis. Wer Risiken eingehen wollte, musste sich staatlichen Repressalien erwehren oder auswandern (namentlich in die USA). Ungezählte Bildungsbürger, Handwerker und Kaufleute verließen das Land, um sich in der „Neuen Welt“ vom staatlichen Oktroi zu befreien. Zu den Auswanderern gehörten auch Bauernburschen und andere Heranwachsende, die der Rekrutierung als Soldaten entgehen wollten. Sie alle wählten damit zwar Unsicherheit, zugleich aber auch Entwicklungsmöglichkeiten. Ihr Leitspruch hätte lauten können: Auf in die ungewisse Freiheit!

4.4 Indifferenz oder Aggressionen

Sehen sich Menschen mit unlauteren oder risikoreichen staatlichen oder privaten Maßnahmen konfrontiert, reagieren sie auf zweierlei Weise: entweder lässt sie die Sache kalt oder sie begegnen ihr aufgebracht (dazwischen existieren diverse Varianten). Beide Reaktionen sind für die Bürger und die Gesellschaft von Übel. Die sich gleichgültig Verhaltenden wollen nicht behelligt werden und begehren nicht auf. Die andere Gruppe ist empört wehrt sich. Beide Verhaltensmuster liegen in Ländern Europas im Trend. Einerseits schwindet das Interesse besonders der jüngeren Generation an Politik und sinkt die Wahlbeteiligung, andererseits haben (medienbegleitete) Demonstrationen Konjunktur. Typisch ist, dass quasi mit den Füßen abgestimmt wird, indem man entweder zu Hause bleibt und nicht wählt oder auf der Straße zuhauf Forderungen stellt.

Als überzeugende Kommunikation zählen beide Vorgehensweisen nicht. Diese zeichnet sich dadurch aus, dass die Gesprächspartner, Opponenten, Rivalen, Repräsentanten, Vertragsschließenden usw. sich in Kenntnis setzen, zu argumentieren vermögen, sich ehrlich und fair verhalten und dem Gegenüber die Sicherheit bieten, an erzielten Ergebnissen festzuhalten. Stattdessen wird außer diesem vernunftmäßigen Diskurs das Verhandeln maßgeblich von Gefühlen und Stimmungen beeinflusst. Diese Regungen – Antisemitismus, Fremdenhass und Nationalismus stehen dafür exemplarisch – können sogar den Ausschlag geben. Die Geschichte hält zahlreiche Pogrome parat.

Wie lautet der bedrückende Satz? Es ist nur ein kurzer Weg von der Zivilisation zur Barbarei bzw. von der Demokratie zur Diktatur. Diese Affekte zu übersehen, ist hochgefährlich. Denn Gebildete und Ungebildete, Fähige und Unfähige, Aufrichtige und Lügner, Aktivisten und Mitläufer vereint ein gerüttelt Maß an Irrationalität. Menschen sind eben empfänglich für Propaganda, Manipulation, Werbung und lassen sich täuschen und betrügen durch Bilder, Stimmen und Texte, durch Gerüchte, Horrormeldungen und Sensationspresse, durch Mimik, Gestik und Benehmen.

Die Indifferenz einer schweigenden Mehrheit und die Aggressionen von Widerständlern gegen staatliche oder städtische Großprojekte, aber auch gegen Naturvereinnahmung und für Klimaschutz, können heutzutage plötzlich ausbrechen. Massenbewegungen werden durch soziale Medien, durch Facebook, Whatsapp und Instagram gefördert, die massenweise private Daten sammeln und auswerten. Früher war das in diesem Ausmaß nicht möglich.

Am Ende von Gleichgültigkeit und Anfeindung steigen wieder Ängste auf. Meistens ist es ein Gefühl statt einer objektiven Bedrohung. Der Eine fürchtet sich vor Veränderung. Er will, dass alles so bleibt. Der Andere ist erzürnt und nimmt sich Veränderungen zum Ziel, wobei die Welt oder der Staat oder die Umstände tendenziell als beklagenswert empfunden werden. Ob und inwieweit echte Gefahren existieren und Ängste gerechtfertigt sind, ziehen Beide kaum in Betracht. Überhaupt liegt ihnen wenig daran, die Folgen ihres untätigen oder angreifenden Handelns zu bedenken. Die Indifferenten spielen auf Zeit und richten sich auf Dauer ein. Den Aggressiven ist an kurzfristigen Erfolgen gelegen. Indifferente verschanzen sich mental, mitunter medial und real. Aggressoren erstürmen bestehende mentale oder mediale oder reale Mauern und hissen bei Erfolg ihre Flaggen, bei Misserfolg gehen sie unter (und es wächst Gras darüber).

Einer der Gründe mag darin liegen, dass nachwachsende Generationen sich nicht um die Beschränktheit ihrer Ahnen scheren. An schlimme Ereignisse will man sich nicht erinnern; eher an Glanz und Gloria. Das von Entdeckern, Eroberern und Machthabern ausgeübte Elend und Leid steht meistens nicht in Geschichtsbüchern; dort liest man über Kriege, Siege, Friedensschlüsse, Besitznahmen und Weltreiche.

Die Engstirnigkeit in Deutschland hängt mit der Sehnsucht vieler Menschen nach Unterordnung zusammen. Sie schafft Ordnung, gewährt Privilegien und Stabilität und verdrängt Ängste. Die Unterordnung ist wohl zum einen eine Spätfolge des preußischen Untertanenstaates. Zum andern wirkte die unübersichtliche Herrschaftsform während der Weimarer Republik (manchmal wird sie als antiparlamentarisch oder autoritär-präsidial bezeichnet) auf die Menschen ein. Und schließlich wurden sie vom Naziregime erdrückt. Man kann es nicht hoch genug schätzen, dass das Grundgesetz in seinem Teil der Bürgerverfassung mit den Grundrechten und Grundpflichten Wege aus diesem Bedrängnis gewiesen hat.

5 Mauern schützen, stützen, spalten

5.1 Europäische Union und Föderalismus

Rahmenbedingungen sind im übertragenen Sinn Mauern, die vor unerwünschten Einflussnahmen schützen sollen. Im Rechtsstaat begrenzt die Gewaltenteilung in Legislative, Exekutive und Judikative die Herrschaftsmacht und stützt den Ausgleich von Interessen. Bewusst hochgezogene Mauern enthalten die Verfassungen, wenn sie die monarchische oder republikanische Staatsform und autoritäre oder demokratische Prinzipien festlegen. Solche konstitutiven Mauern mögen Sicherheit bieten, auch weniger oder mehr Freiheit einräumen. Von überstaatlicher – lies: internationaler – Warte aus sind damit aber nicht zwingend Frieden zwischen Völkern, Menschenrechte, Gerechtigkeit und Umweltschutz gewährleistet. Dazu bedarf es weiterer Stützmauern. Die Europäische Union (EU) bemüht sich darum mehrheitlich.

Die EU versteht sich primär als Rechtsgemeinschaft nationaler Staaten. Die Betonung liegt auf dem gemeinsamen Recht. Als Wertegemeinschaft ist sie noch unterentwickelt, denn nicht alle EU-Bürger teilen die gleichen Werte. Einige EU-Mitgliedstaaten durchleben zur Zeit eine Legitimationskrise ihrer parlamentarischen Demokratie. Immer mehr Bürger entziehen nicht nur der politischen Klasse, sondern dem politischen System insgesamt ihr Vertrauen. In der EU selbst treten Schwächen auf, denn das Parlament besitzt noch kein legislatives Initiativrecht, die EU-Kommission hat stark ausprägte Exekutivrechte, und die fehlende Bürgernähe wird beklagt. Überhaupt ist den Menschen nicht klar, was die Europäische Union sein soll: eine überstaatliche Institution oder ein Projekt politisch-administrativer und wirtschaftlicher Eliten, ein Schutzwall oder Einfallstor für neoliberale Globalisierung oder eine Schutzgemeinschaft solidarischer Bürger?

Hier dürften geeignete Rahmenbedingungen in Form föderaler Strukturen nach dem Subsidiaritätsprinzip manche Probleme lösen helfen. Ausgehend vom Bürger, seinem selbstbestimmten und eigenverantwortlichen Handeln als Alleinlebender, (Ehe-) Partner oder Familienmitglied, sollte die Gemeinde die örtlichen Aufgaben festsetzen und durchsetzen können. Das erfordert eine große Gemeinde, eigentlich einen Regionalkreis mit Kernstadt und Umlandgemeinden. Regionalkreise sollten über das Satzungsrecht hinaus für ortsnahe Aufgaben legislative Zuständigkeiten und Vollzugskompetenz erhalten. Zahlreiche staatliche Aufgaben – vor allem jene mit Publikumsverkehr – müssten entstaatlicht bzw. kommunalisiert werden. Rechtsmaterien von überörtlicher Bedeutung wären Sache des Landes, das gesetzgebend durch den Landtag und gesetzvollziehend durch Landesbehörden tätig sein würde. Auf der kommunalen Ebene gäbe es also eine klare Trennung zwischen staatlichen und gemeindeautonomen Verwaltungen. Soweit landesübergreifende – also bundesweite – Aufgaben vorliegen, kämen für deren Wahrnehmung Deutscher Bundestag als Gesetzgeber und Bundesverwaltungen als Vollzugsorgane in Betracht.

Was die einzelnen EU-Mitgliedstaaten nicht selbst leisten und gewährleisten können, wäre unter Verzicht auf eigene nationale Souveränität von der Europäischen Union zu übernehmen. Dieses Staatenbündnis sollte sich zu einem bundesstaatlichen Gebilde entwickeln. Die EU-weiten Gemeinschaftsaufgaben wären von EU-Parlament und EU-Kommission festzulegen. Viele Detailaufgaben, manchen Mitbürgern allzu viele, sind schon erledigt worden in rund 10000 EU-Verordnungen, die in jedem Mitgliedstaat unmittelbar gelten, und in über 2000 EU-Richtlinien, die jeweils durch nationale Rechtsakte (mit gewissen Spielräumen) umgesetzt werden.

Gemäß der Metapher Mauer gäbe es also eine Staffel von kleinen Mauern an der kommunalen Basis über immer höher werdende Mauern beim Land, beim Bund und bei der Europäischen Union. Also eine Kaskade von Kompetenzen. Die Mauerhöhen wären veränderlich. Einfluss nähmen Wahlen (von

Personen) und Abstimmungen (über Sachen) mit Bürgerentscheiden, Bürgerbegehren und Bürgerbefragungen (in Analogie zu Art. 29 Grundgesetz). Welche Aufgaben auf welcher Ebene verankert werden sollten, hängt im Wesentlichen von zwei Zielsetzungen und der Zielerreichung ab. Zum einen von erwünschter Bürgernähe und legitimer Politik, zum andern von möglichst optimalem Verwaltungshandeln.

Bürgernähe beginnt mit Demokratie vor Ort. In einer repräsentativen Demokratie sind die Mitglieder der Gemeinderäte zu wählen. Sie müssten über das bloße Satzungsrecht zum Vollzug von Landesgesetzen hinaus legislative Kompetenzen für zahlreiche, das Zusammenleben der Bürgerschaft bestimmende Aufgaben erhalten. Gemeinderäte sollten zu kommunalen Parlamenten avancieren. Kommunalpolitische Entscheidungen sind in erster Linie zu treffen über Flächennutzung und insbesondere Bebauung, über öffentliche Sicherheit, Bildungs-, Kultur-, Gesundheits-, Sozial-, Umwelt- und Wirtschaftsförderung, örtliche Verkehrskonzepte, Energie- und Wasserversorgung, Wasserreinigung und Müllentsorgung sowie über Haushaltspläne mit Steuer-, Beitrags- und Gebührenfinanzierung, über interkommunale Zusammenarbeit, etwaige Entbürokratisierung und Entkommunalisierung.

Den Ländern oblägen die dafür notwendigen Grundsätze in Form von gesetzlichen Leitlinien, innerhalb derer die Ortsgesetze Art und Weise der kommunalen Aufgaben und Aufgabenerfüllung festlegen. Damit wären die Bürger über die Repräsentanten in den Gemeinderäten am kommunalen Geschehen und seiner Entwicklung beteiligt. Die kommunalen Ämter, Fachbereiche und Dezernate könnten die politischen Entscheidungen vorbereiten helfen und die verabschiedeten Ortsgesetze vollziehen. Der Oberbürgermeister wäre ein Regierungs- und Verwaltungschef; aus Managementperspektive wäre er ein Chief Executive Officer (CEO). Ihm zur Seite stünden Bürgermeister. Der Bürgernähe wegen sollte die Kommunalverwaltung dislozierte Bürgerbüros einrichten, die von zentralen Abteilungen ohne Kundenkontakte unterstürzt werden.

Die Länder selbst folgten der Rahmengesetzgebung des Bundes. Inhaltlich stünden die Aufgaben im Vordergrund, für die in diesem gestuften Rechtssystem weder Gemeinden noch der Bund zuständig sein sollten. Das betrifft vor allem die auf das jeweilige Land bezogenen Ordnungen des Raumes, des Wasserhaushalts, der Verkehrsinfrastruktur und der Wohnungswirtschaft einschließlich Bau- und Bodenrecht, Wohnungseigentums- und Mietrecht sowie landgesetzliche Regelungen zur Förderung von Schulen, Hochschulen, Forschung, Wissenschaft, Gesundheit, Ernährung, Land-, Forst- und Fischereiwirtschaft. Gesetzgebung, nämlich Gesetze für das landeseigene Wirken und gesetzliche Leitlinien für Gemeinden sowie Verwaltungsvollzug setzen allerdings hinreichend große Länder voraus.

In Deutschland lässt diese Forderung zu wünschen übrig. Drei Stadtstaaten, zu kleine Flächenländer (z. B. das Saarland) und zu große Flächenländer (z.B. Nordrhein-Westfalen) bilden einen uneinheitlichen Bundesstaat. An Stelle der derzeitigen 16 Länder würden sechs bis acht Länder ausgewogenere Verhältnisse schaffen. Die geforderten Dienstleistungen könnten finanziell und administrativ besser, das heißt effektiver (zielorientierter und wirksamer), effizienter (zweckmäßiger und leistungsfähiger) und wirtschaftlicher (kostengünstiger) erbracht werden. Doch gegen Länderfusionen mauern jene Länder und deren Protagonisten, die bei einer Neugliederung der Bundesrepublik Deutschland Einbußen hinzunehmen hätten. Kleine Länder würden Staatsorgane verlieren. Reiche Länder müssten Altschulden armer Länder übernehmen. Durch Bund-Länder-Verhandlungen wären Ausgleiche anzustreben. Die innerstaatlichen Finanzströme zwischen dem Bund und den Ländern und der Länder untereinander wären dann so zu ordnen, dass annähernd gleichwertige Lebensverhältnisse bundesweit hergestellt werden.

Beim Bund sollten gesamtstaatlich wesentliche Aufgaben konzentriert werden. Dazu zählen teils unbestritten, teils bestritten: äußere und innere Sicherheit samt Justiz, Zivilschutz und Ein- und Auswanderung, Rahmenbedingungen des Schulsystems, der Besteuerung, des Ordnungs- und Sozialversicherungsrechts und des Gesundheitswesens, das öffentliche Dienst- und Haushaltsrecht, Verwaltungsrecht, Recht der Wirtschaft und des Wettbewerbs, eine bundesweite Raumordnung und Verkehrsinfrastruktur und Umwelt(schutz)recht. Es sollte auch auf dieser Ebene das Subsidiaritätsprinzip zur Geltung kommen, denn einzelne Nationalstaaten sind nicht mehr imstande, den globalen Herausforderungen allein zu begegnen. Die Einsicht wächst, dass Staaten besonders im Hinblick auf Verteidigung, internationale Abkommen, Handelsbeziehungen, Informations- und Kommunikationstechnik sowie Natur- und Klimaschutz auf Souveränität teilweise verzichten sollten, also auf das Recht des Staates, auf seinem Territorium unabhängig von anderen Staaten herrschen zu können.

Bei friedenstiftenden Aufgaben und auswärtigen Angelegenheiten, EU-weiter Freizügigkeit und Niederlassungsfreiheit, EU-weitem Waren-, Kapital- und Luftverkehr, EU-weiter Währung, EU-weiten Maßen, Gewichten, EU-weiter Zeitbestimmung, Post und Telekommunikation, EU-weitem gewerblichen Rechtsschutz, Urheber- und Verlagsrecht hat Deutschland eigener Souveränität großenteils entsagt. Die Europäische Union wird vermutlich zusätzliche Aufgaben der Verteidigung und des Umweltschutzes übernehmen, vielleicht sogar Teile einer Sozialunion herausbilden.

Dieses gestufte Gesetzgebungs- bzw. subsidiäre Entscheidungssystem weist an der Basis autonome Gemeinden auf. Sie erledigen örtliche Aufgaben bürgernah und selbstständig nach Leitlinien des Landes. Die Leitlinien sollten lediglich generelle Grundsätze enthalten, nach denen sich die Gemeinden legislativ und exekutiv zu richten hätten. Für die Länder gäbe der Bund die Rahmengesetze vor, die die Grundlage für die Landesgesetze sowohl für den landeseigenen Aufgabenvollzug als auch für die kommunalen Leitlinien bilden. Dasselbe Schema träfe für den Bund zu. Seine Gesetzgebung bestünde zum einen aus Bundesgesetzen für den bundeseigenen Aufgabenvollzug, zum andern aus Rahmengesetzen für die Länder. Manche Bundesgesetze wiederum würden sich von den Rechtlinien der EU ableiten.

EU-Gemeinschaftsrecht bedeutet vollständigen oder teilweisen Verzicht auf nationale Souveränität. Befürworter der europäischen Idee und Realität schätzen am EU-Staatenbund dessen schützendes und stützendes Mauerwerk. Nicht-EU-Mitgliedstaaten sehen in ihm hingegen eine Festung, die spaltet, weil sie vor allem Handelsbarrieren für Drittstaaten errichtet.

Beispiel: Baustelle Schulen

Am Beispiel von Schulen soll im Folgenden das empfohlene subsidiäre Gesetzgebungs- und Verwaltungssystem konkretisiert werden. Die Europäische Union müsste die Schulpflicht und das Erlernen mindestens einer Fremdsprache festlegen. Der Bund wäre großenteils für das Schulsystem verantwortlich: für öffentliche und/oder private Schulen, Primärschulen und Schulen der Sekundarstufe 1 und 2, Normal- und/oder Ganztagsschulen, Lern-, Erziehungs-, Qualifikations- und Kompetenzziele des Unterrichts, Grundsätze für Lehrpläne, Lehrinhalte und Prüfungen, Grundsätze für Lehramtsstudiengänge, Grundsätze für das Lehramt und Grundsätze für die Finanzierung.

In der Zuständigkeit der Länder läge Rahmenvorgaben auszufüllen, eigene Standards zu setzen und zu implementieren und für Gemeinden Leitlinien zu erlassen. Die von Ländern zu erledigenden Aufgaben im Einzelnen: Schulaufsicht, Aufsicht über Lehramtsstudiengänge, Schulbedarfsplanung, Modellprojekte, einschließlich Förderung von Schulen, Chancengleichheit von Schülern, Bildungsvergleiche innerhalb Deutschlands und mit dem Ausland, Grundsätze für Mindesterfordernisse von Lehrplänen, Lehrinhalten und Prüfungen, Grundsätze für Organisation, bauliche Infrastruktur, räumliche, sächliche und technische Ausstattung und Grundsätze für Schülerakquise und -betreuung.

Das Schulmanagement wäre unter Beachtung der vorgeschriebenen Bedingungen Sache der Gemeinden und der Schulen selbst. Die Gemeinden müssten Entscheidungen treffen über Art und Weise der einzurichtenden und zu betreibenden Schulen, das Ausmaß an Selbstständigkeit der Leitung, das Budgetvolumen und die Aufsicht über Ressourceneinsatz, Mittelbewirtschaftung und Rechenschaftslegung mittels Output-Größen (z.B. Zahl oder Schulstunden, Ausleihungen von Print- und E-Dokumenten, Zahl der Absolventen), Outcome-Wirkungen (z.B. Inklusionserfolge und Komplikationsraten) und Impact-Effekten (also Einflüsse auf Schüler wie Zulassungserfolge bei der Versetzung in die nächste Klasse). Das Schulmanagement im engeren Sinn der Schulleitung nähme Aufgaben der Eltern- und Schülerberatung und -betreuung, der Personalrekrutierung, -steuerung und -verwaltung wahr, müsste sich um organisatorische Strukturen und Prozesse sowie die Finanzwirtschaft (mit Budgetplanung, Buchführung und Rechnungslegung) kümmern, unter Umständen auch Schulmarketing (je nach Nachfrage und Wettbewerb) betreiben.

Summa summarum würde durch das Subsidiaritätsprinzip einer föderalen Struktur der Vorzug gegeben gegenüber zentraler staatlicher Autonomie. Das gestufte Gesetzgebungs- und Verwaltungssystem wäre bürgernah im Hinblick auf politische Entscheidungen und administrative Umsetzung. Den Kommunen und ihrem Umland wüchsen Kompetenzen zu, die EU würde gestärkt, Bund und Länder müssten einige neue Aufgaben übernehmen und mehrere bisherige Aufgaben abgeben.

5.2 Bürokratie und Berufsbeamtentum

Bürokraten mauern sich gern ein. Ihre Schutzwälle errichten sie gegen Antragsteller, Anfrager, Besucher und sonstige Nachfrager mit Verweis auf rechtliche Regelungen und das Erfordernis, alle Maßnahmen gerichtfest zu begründen. Obendrein verschanzen sich Bürokraten gern intern aus Gründen von Ressortegoismus oder Arbeitslast; abgesehen davon, dass sie als Angehörige von Sicherheitsbehörden sich zur Spionageabwehr oder seit neuestem wegen Datenschutz abschirmen müssen.

Publikumsbezogene Verwaltungen sehen in Bürgern gewöhnlich weniger den Antragsberechtigten und Steuerzahler und mehr einen Interessenvertreter oder Kunden mit Anspruchshaltung. Deshalb dämpfen Bürokraten individuelle Erwartungen, indem sie mit gleichmachenden Formularen aufwarten – selbstverständlich im rechtlichen Rahmen.

Gesetze (allein der Bund weist über 2000 auf) und Verordnungen (beim Bund mehr als 3000) sowie ungezählte Dienstanweisungen geben Bürokraten Halt. Rechtsnormen ordnen und senken in der Regel Gefahren bzw. Risiken. Es stellt sich aber die Frage, wie die Rechtsnormen zugleich freiheitliche Handlungsspielräume einzuräumen vermögen.

Es liegt wohl an den nach außen gerichteten und an den betriebsinternen Schutzwällen sowie an den Mauern in den Köpfen, dass Bürokraten das Recht nicht großzügig, sondern penibel anwenden. Man kann nur hoffen, dass diese Mauern auch geeignet sind, den Rechtsstaat zu bewahren und autoritäre oder diktatorische Regime zu verhindern.

Nicht der einzelne Beamte, sondern die Beamtenschaft, genauer: das Berufsbeamtentum, ist imstande, einen starken Staat zu generieren. Darauf legte der Begründer des Berufsbeamtentums, Friedrich Wilhelm I. von Preußen, von Anfang an Wert. Als „Soldatenkönig" (1713-40) berief er ausgediente Soldaten zu Beamten. Die militärische Gehorsamspflicht wurde in die Treuepflicht der Beamten umgewandelt, die dem König mit voller Hingabe dienen sollten und pflichtbewusst, loyal und unbestechlich sein mussten. Ohne eine mit hoheitlichen Befugnissen ausgestattete Beamtenschaft hat es ein Staat schwer, gegen Auswüchse wie kriminelle Familienclans, Drogenhändler- und Geldwäscheringe, systematischer Wahlbetrug, radikale und terroristische Vereinigungen vorzugehen. (Viele Staaten in der Welt zeigen das eindringlich.)

Für eine erfolgreiche Betätigung darf das Berufsbeamtentum aber keinen Staat im Staat bilden. Diese Gefahr ist kaum von der Hand zu weisen. Häufig werden Schlüsselpositionen in der Exekutive, also in Gubernative (Regierung) und Administrative (Verwaltung), von Beamten eingenommen, zusätzlich ziehen (ehemalige, beurlaubte) Beamte in Parlamente und Gerichte ein. Die Gewaltenteilung läuft dann aus dem Ruder. Es mangelt an gegenseitiger Kontrolle („checks and balances") und das Beamtentum gewinnt die Oberhand. (Im gegenwärtigen Deutschen Bundestag ist jeder vierte Abgeordneter Beamter.) Die etwaige Machtfülle zu beschränken, lässt sich auf diverse Weise verwirklichen: durch Abschaffung oder Abbau des Berufsbeamtentums (letzteres z.B. durch Beschäftigung von mehr Angestellten im öffentlichen Dienst oder gezielte Quotierung von Kandidaten für politische Ämter in Parteisatzungen), durch politische Beamte (die nach § 54 Bundesbeamtengesetz bzw. § 30 Beamtenstatusgesetz „jederzeit in den einstweiligen Ruhestand versetzt werden" können) und/oder durch Wahl (unmittelbar vom Volk oder von zuständigen Vertretungskörperschaften) berufene Wahlbeamte (z.B. Landräte, Bürgermeister und Beigeordnete in Deutschland oder Richter in der Schweiz).

Grundsätzlich gelten die Vorbehalte gegen ein übermäßiges Berufsbeamtentum auch gegen andere Mächtegruppen. In einem pluralistischen Staat sind rivalisierende Gruppierungen konstitutiv. Man denke an Parteien, Ver-

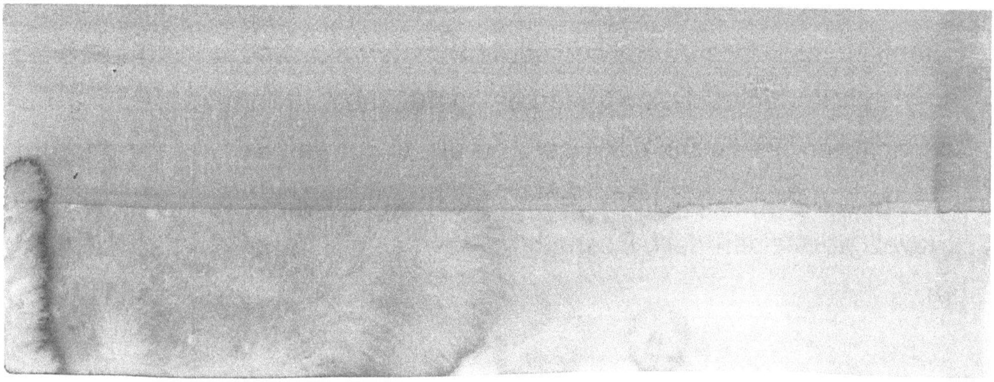

bände, Gewerkschaften, Weltanschauungsgemeinschaften und Nonprofitorganisationen. Ihre Interessen sollten im demokratischen Wettbewerb zum Ausgleich kommen. Das Fundament dafür, also die Voraussetzung für Sicherheit und Freiheit in der Gesellschaft, bildet das Berufsbeamtentum. Es ist eine konstruktive Komponente im Pluralismus, die sich aber nicht zum „Player" versteigen darf. Deshalb müssen sich Beamte politisch zurückhalten.

Seine größte Bewährungsprobe hat das Berufsbeamtentum nach dem Fall der Mauer in den 1990er Jahren bestanden. Ausgehend von den elementaren Grundsätzen des Grundgesetzes schlugen sich die „hergebrachten Grundsätze des Berufsbeamtentums" (Art. 33 Abs. 5 Grundgesetz) beim Beitritt und nach dem Beitritt der Deutschen Demokratischen Republik zum Geltungsbereich des Grundgesetzes positiv nieder. Zwar wurden föderalistische (d.h. übertrieben föderale Strukturen) beibehalten und sechs neue und kleine Länder für nur 15 Millionen ehemalige DDR-Einwohner errichtet (genau genommen fünf Flächenländer, nämlich Brandenburg, Mecklenburg-Vorpommern, Sachsen, Sachsen-Anhalt und Thüringen sowie das dem Stadtstaat Berlin zugeordnete Beitrittsgebiet „Ostteil von Berlin"). Aber die durch Beamte durchgeführten Verträge zwischen den beiden deutschen Staaten im Jahr 1990 über die Schaffung einer Währungs-, Wirtschafts- und Sozialunion, über die erste gesamtdeutsche Wahl des Deutschen Bundestages und über die Einigung (im sog. Einigungsvertrag) beweisen eindrucksvoll die gelungene Mission. Man darf bezweifeln, ob ein Staat ohne Berufsbeamtentum diese schwer wiegende Wende hätte in rechtsstaatlich vorbildlicher und zeitlich angemessener Weise bewältigen können.

Das Berufsbeamtentum ist in einer zunehmend globalen und mobilen Wirtschaft und fragilen Gesellschaft mit Intransparenz bei Produkten aggressiver Werbung, fake news, überdrehten Medien, gravierenden Einkommensunterschieden, sozialer Ungerechtigkeit, konfliktträchtiger Arbeitslosigkeit und Wohnungsnot, Perspektivenlosigkeit, kultureller Intoleranz, permanenten Interventionen und Rechtsstreitigkeiten und unsicherer Orientierung der Stabilitätsfaktor Nummer eins des Staates. Allerdings dürfen die „hergebrachten Grundsätze des Berufsbeamtentums" nicht dazu führen, dass es zum Selbstzweck erstarrt. Gewiss hat sich in Deutschland das öffentlich-rechtliche Dienst- und Treueverhältnis als Lebens- und Hauptberuf mit Fürsorge, Schutz, loyaler Behandlung und Förderung, Leistungsprinzip, Laufbahnprinzip, Gemeinwohlverpflichtung, Unparteilichkeit im Dienst, Verfassungs- und Gesetzestreue, politische Zurückhaltung, Amtsverschwiegenheit, angemessene Besoldung und Versorgung durch Gesetz und Streikverbot für Beamte bewährt. Aber diese Grundsätze sind stark staats-, rechts- und dienstherrnbezogen.

Das Berufsbeamtentum sollte auch Grundsätzen für Bürger- und Umweltfreundlichkeit folgen. Es genügt nicht (wie im Bundesbeamtengesetz gefordert), dass sich Staatsdiener „durch ihr gesamtes Verhalten" zur demokratischen Grundordnung bekennen müssen. Die Bürger wollen mehr. Sie erwarten, dass sich Behörden und Bedienstete strategisch und strukturell, prozessual und operativ auf die Nachfrager, „Kunden", Antragsteller, ausrichten. Dienstleistungen (Output) sollten also nicht mehr hauptsächlich vom Ressourceneinsatz (Input) her gestaltet werden. Ämter wären nach Zielgruppen zu organisieren statt nach Gesetzessystematik. Zu beachten wären die Auswirkungen von Verwaltungsakten und anderen Entscheidungen auf die Bürgerschaft (Outcome) und die Einwirkungen auf betroffene Bürger (Impact). Außer sozial verträglichem Publikumshandeln ist mit den Mitarbeitern verantwortungsvoll umzugehen. Kunden- und Mitarbeiterzufriedenheit setzen Hilfsbereitschaft voraus. Steuerzahler fragen beispielsweise gern (neuerdings: digitale) Hilfe bei der Steuererklärung nach. Von federführenden Vorgesetzten wünschen sich Projektbeteiligte Arbeitsziele und Teamkoordination. Den Ansporn dazu liefern vor allem Leistungsvergleiche mit anderen Verwaltungen, aber auch Rankings und Preisverleihungen für Kundenpflege.

Umweltfreundlich verhalten sich Behörden und Beamte, wenn sie Wert legen auf Ressourcenschonung, Schadstoffvermeidung und Entsorgungssicherheit. Diese ökologischen Ziele und Prinzipien gelten sowohl für die eigene Verwaltungstätigkeit als auch im Verhältnis zu Dritten. Man müsste analysieren, wie umweltschädlich sind der Pendlerverkehr von Bediensteten, die Nutzung von Dienstfahrzeugen und der Ge- und Verbrauch von Kopiergeräten, Elektronikequipment, Büromaterial und Glühbirnen. Wie lässt sich die Situation verbessern? Können Ressourcen sparsamer eingesetzt werden, umweltverträgliche Roh-, Hilfs- und Betriebsstoffe verwendet, Materialausnutzung erhöht und Nutzungsdauern verlängert werden? Sind Abfälle samt Elektronikschrott und Verpackungen verwertbar? Wie wirken sich Betriebsgröße und Standort von Verwaltungen auf Wege und Zeit beim Publikumsverkehr aus? Mit welchen Maßnahmen können messbare Emissionen (z.B. Schadstoffausstoß) und Immissionen (z.B. Gesundheitsbeeinträchtigungen) gesenkt werden?

Zusammenfassend gesagt sollte das Berufsbeamtentum im Sinne guter (d.h. rechtsstaatlicher, ethisch vorbildlicher, ökonomischer und ökologischer) Verwaltung als Brückenschlag zwischen Staat und Bürger dem individuellen und kollektiven Streben nach Sicherheit und Freiheit dienen.

5.3 Daseinsvorsorge und öffentliche Unternehmen

Sicherheit und Freiheit der Bürger hängen davon ab, ob und inwieweit es dem Staat gelingt, menschliches Zusammenleben optimal zu gestalten. Außer Gesetzgebung, Regierung und Verwaltung bilden öffentliche Unternehmen einen zusätzlichen Grundpfeiler. Im Eigentum von Gemeinden, Ländern oder dem Bund haben sie den Auftrag (nach deutscher Begrifflichkeit) Daseinsvorsorge zu gewährleisten (europarechtlich ist von „Dienstleistungen von allgemeinem wirtschaftlichen Interesse" die Rede). Darunter werden im engen Sinn Wasser-, Gas-, Strom- und Fernwärmeversorgung sowie Schienennah- und Schienenfernverkehr subsumiert. In einem weiten Sinn sind die Entsorgung von Wasser und Müll sowie infrastrukturelle Einrichtungen wie Parkhäuser, Bahnhöfe, Flug-, See- und Binnenwasserhäfen Teil der Daseinsvorsorge. Hierzu darf man auch Sparkassen, Landesbausparkassen, Landesbanken und Sparkassenversicherungen zählen, die sich als Garant für Vermögensbildung und Kreditfinanzierung verstehen. Begreift man Daseinsvorsorge in einem weiteren Sinn, können Wohnungsunternehmen, Krankenhäuser, Altenheime und viele soziale und digitale Dienste und Einrichtungen einbezogen werden, von sportlichen und kulturellen Einrichtungen gar nicht zu sprechen, weil sich dann der Begriff der Daseinsvorsorge generalistisch und womöglich konturlos auflöst.

Im Unterschied zum legislativen und administrativen Handeln, das der Politik folgt, ist Daseinsvorsorge vorwiegend wirtschaftlich ausgerichtet. Die angebotenen Leistungen haben einen Preis in Form einer Benutzungsgebühr, das heißt eines regulierten Entgeltes, oder eines Marktpreises. Deshalb sind hier Unternehmen tätig. Ist der öffentliche Auftrag vergleichsweise eng von Gesetzgeber und/oder Träger aus sozialen Gründen oder Marktversagen (z.B. bei Leitungs- oder Schienenmonopolen) politisch festgelegt, dringt man in das Terrain der kommunalen und staatlichen Unternehmen vor. Exemplarisch stehen dafür Stadtwerke im Eigentum von Gemeinden, Kraftwerke im Eigentum von Ländern und Deutsche Bahn im Eigentum des Bundes. Ungezählte weitere öffentliche Unternehmen arbeiten in diesen und verwandten Infrastrukturzweigen seit Generationen.

Neuerdings erhalten vornehmlich kommunale Unternehmen Zuwachs durch die Ausgliederung ehemals haushalts-, dienst- und tarifrechtlich verwalteter öffentlicher Aufgaben in privatrechtlich selbstständige Unternehmensformen, zumeist in der Rechtsform der gemeinnützigen oder gewerblichen GmbH, mitunter der AG, oder in Rechtsformen des öffentlichen Rechts, etwa des rechtlich unselbstständigen kommunalen Eigenbetriebs, der rechtsfähigen Anstalt (für ein kommunales Unternehmen) und des rechtsfähigen Zweckverbands (für interkommunale Zusammenarbeit). Den Schub dafür liefern Politikentlastung, Deregulierung bzw. Entflechtung (durch Trennung des monopolistischen Fahrwegs vom wettbewerblich gestalteten Betrieb), Marktannährung, Finanzierungsanpassungen und Managerialismus („Verbetriebswirtschaftlichung") samt Übergang von der Kameralistik zur Doppik.

Die Öffentliche Betriebswirtschaftslehre, eine auf den kommunalen und staatlichen Bereich bezogene sektorale Disziplin der Betriebswirtschaftslehre, hat dazu ein gerüttelt Maß beigetragen. Diese neuzeitlichen kommunalen Unternehmen werden gern als städtische Beteiligungen bezeichnet und geführt. Ihre kunterbunten Betätigungsfelder erstrecken sich unter anderem auf Abwasserreinigung, Müllverbrennung, Breitbandausbau, Wohnungsbau, Wohnraumvermittlung, Gartenbau, Botanische Gärten, Tiergärten, Holzverwertung, Kindertagesstätten, Frei- und Hallenbäder, Behindertenheime, Krankenhäuser, Pflegeheime, Altenheime, Pfandleihen, Bildungsinstitutionen, Museen, Theater, Tourismus- und Wirtschaftsförderung. Apropos Beteiligungen: eine Zahl lässt aufhorchen: Die Freie und Hansestadt Hamburg nennt rund 400 städtische Beteiligungen ihr eigen.

Dank ihrer öffentlichen Aufgabenstellung, vornehmlich Daseinsvorsorge und andere Sachziele (z.B. Kundenorientierung, soziale Verantwortung und Entsorgungssicherheit) zu verfolgen und nur nachrangig nach Gewinn und Rentabilität zu streben, sind öffentliche Unternehmen oft als gemeinnützig anerkannt. Da dies steuerrechtlich ein Gewinnausschüttungsverbot bedeutet, halten sich Kapitalanteile Privater in Grenzen. Ansonsten, besonders bei gewerblich und nicht hoheitlich tätigen öffentlichen Unternehmen, besteht die Tendenz, private Minderheitsgesellschafter aufzunehmen. Es entstehen dann gemischtwirtschaftliche Unternehmen, sobald den privaten Anteilseignern eine Sperrminorität (bei Abstimmungen über Kapitalveränderungen in der Gesellschafterversammlung und im Aufsichtsrat) eingeräumt wird. Private Mitgesellschafter versprechen sich von ihrer Beteiligung eine nachhaltige Entwicklung, hinreichende Rendite und Kontakte und Kooperationen bei Arbeitsteilung und Aufträgen, auch als Subunternehmer. Eine gemischtwirtschaftliche Variante bilden Public-Private Partnerships. Hier wird kein Unternehmen gegründet, sondern ein Vertrag zwischen einer Gebietskörperschaft oder ihrem Unternehmen mit privaten Partnern häufig über Planung, Bau, Erhaltung, Betrieb, Finanzierung und/oder Verwertung einer Infrastrukturmaßnahme geschlossen.

Stets ist das Anliegen weitgehend ähnlich, nämlich Daseinsvorsorge zu betreiben, um eine vielfältige Grundversorgung in normalen Zeiten, auch in Grenzsituationen, zu sichern. Grundversorgung umfasst vor allem kollektive Güter, die von vielen Menschen nachgefragt werden und helfen, einen beständigen Bedarf zu erschwinglichen Preisen zu decken. Mit öffentlichen Unternehmen wird allerdings in der Regel nur der Schutzwall der Daseinsvorsorge zugunsten der Letztverbraucher fundamentiert. Vorangehende (Dienst-) Leistungsstufen sind meist gemischtwirtschaftlich organisiert oder sind vollständig in der Hand von privaten Kapitalgesellschaften, seien es zum Beispiel private Unternehmen der Stromerzeugung (Atomkraftwerke und

Windkraftanlagen) und der Stromfernleitungen, der Netz- und Vertriebsgeschäfte, der Gaserzeugung und der Gasfernleitungen (Pipelines) oder private Unternehmen im Bereich Wasserversorgung und -entsorgung, Schienennah- und Schienenfernverkehr sowie Abfallbeseitigung und -verwertung.

Im Pluralismus der deutschen Volkswirtschaft tummeln sich also auch daseinsvorsorgende Privatunternehmen und private Beteiligungen. Soweit sie an Leitungs- und Schienennetze gebunden sind und über monopolistische oder teilmonopolistische Marktmacht verfügen, ist ihre Betätigung stark reguliert, um eine sichere Daseinsvorsorge zu gewährleisten. Zur Sicherstellung eines Versorgungsengpasses etwa im Energiebereich werden darüber hinaus Raffinerien herangezogen, die gesetzlich gezwungen sind, Erdöl zu bevorraten. Zur Daseinsvorsorge im erwähnten umfassenden bzw. weitesten Sinn kann man auch private Unternehmen zählen, die primär keine kommerziellen Ziele verfolgen wie die gemeinnützigen Dienste und Einrichtungen von Arbeiterwohlfahrt, Deutschem Caritasverband, Deutschem Paritätischen Wohlfahrtsverband, Deutschem Roten Kreuz, Diakonie Deutschland und Zentralwohlfahrtsstelle der Juden in Deutschland. Wie die meisten öffentlichen Unternehmen kümmern sie sich um Letztverbraucher, jedoch primär um Kinder, Jugendliche, Kranke, Menschen mit Behinderung, Alte und Arme. Diese Unternehmen der freien Wohlfahrtspflege werden als Säule des Sozialstaates bezeichnet und bilden – entsprechend der Metapher Mauer – ein zusätzliches Fundament der Daseinsvorsorge.

Von marktradikaler Warte aus gelten in Deutschland Sozialstaat, Daseinsvorsorge und öffentliche Unternehmen – nicht minder Steuerstaat und Umweltschutzstaat – als überdimensioniert. Was Daseinsvorsorge im engen und im weiten Sinn in Form öffentlicher und gemischtwirtschaftlicher Unternehmen (also ohne daseinsvorsorgende private Unternehmen) anbelangt, fällt es mangels Statistiken schwer, ihren Beitrag zum Sozialprodukt, vergröbernd als volkswirtschaftliche Gesamtleistung bezeichnet, zu bestimmen. Mehr als 15 Prozent Anteil am Sozialprodukt werden es in Deutschland wohl nicht sein.

Öffentliche Unternehmen lassen sich nicht als Fremdkörper in der Marktwirtschaft abwerten. Zu ihrer daseinsvorsorgenden Hauptfunktion treten im Übrigen mehrere betriebs- und volkswirtschaftlich nützliche Eigenschaften hinzu: das Leitbild des ehrbaren Kaufmanns (d.h. verantwortliches und nachhaltiges Geschäftsgebaren), hohe Produktqualitätssicherung, technologische Pionierleistungen (z.B. Kraft-Wärme-Kopplung oder On-Demand-Mobilitätslösungen), ein Damm gegen Volatilität und feindliche Firmenübernahmen, spürbare Kundenfreundlichkeit, merkliche Mitarbeiterzufriedenheit, weitläufige Umweltverträglichkeit, nicht zuletzt Finanzzuwendungen (Zuschüsse, Spenden, Erstattungen usw.) und Gewinnausschüttungen (soweit nicht gemeinnützig tätig) an die Trägerhaushalte mit steuereinnahmenschonender Wirkung. Diese Eigenschaften strahlen in die Zivilgesellschaft hinein. Selbst Kritiker öffentlicher Unternehmen werden feststellen, dass zahlreiche öffentliche Unternehmen zur wirtschaftlichen, kulturellen und sozialen Stabilität und Entwicklung grundlegend beitragen und das Miteinander im Gemeinwesen fördern.

Dennoch sind öffentliche Unternehmen besonders bei mittelständischen Unternehmern (z.B. im Baugewerbe, bei Gebäudereinigern, Müllentsorgern, Landschaftsgärtnern oder Busunternehmern) unbeliebt, weil Daseinsvorsorge rechtlich unbestimmt ist und oft Grenzen überschritten werden. Wo Daseinsvorsorge beginnt und wo sie endet, welche Bedarfe dringend und welche langfristig zu decken sind, ob und inwieweit Vorhaltung notwendig ist, wer als Anbieter in Betracht kommt, all diese Fragen werden kontrovers diskutiert. Von den Antworten hängt ab, wie sicher für das Dasein vorgesorgt wird. Für kommunale Unternehmen ist das Subsidiaritätsprinzip gesetzlich festgelegt.

Nach § 65 Abs.1 Bundeshaushaltsordnung (und gleichlautend in den Landeshaushaltsordnungen) darf der Bund oder ein Land sich nur unternehmerisch betätigen, wenn

- ein wichtiges öffentliches Interesse vorliegt,
- eine Risikobegrenzung und

- ein angemessener Einfluss auf das Unternehmen sicher gestellt sind sowie
- der Jahresabschluss qualifiziert aufgestellt und geprüft wird.

Trotz dieser rechtlichen Schranken, die nach den Gemeindeordnungen auch für kommunale Unternehmen gelten, sehen private Anbieter vergleichbarer (Dienst-)Leistungen für sich Wettbewerbsnachteile, wenn der Bund, ein Land oder eine Gemeinde bei sog. In-House-Vergaben eigene Unternehmen beauftragt, im Wege einer interkommunalen Zusammenarbeit die Partner sich gegenseitig Aufträge zuschanzen, Preise privater Anbieter unterboten werden oder beispielsweise in der Müll- und Recyclingbranche von der Umsatzsteuer befreit sind. Die Umsatzsteuerbefreiung gilt für Tätigkeiten, die im Rahmen der öffentlichen Gewalt ausgeübt werden und zu keinen größeren Wettbewerbsverzerrungen führen. Da dem Ermessen hier weite Spielräume geöffnet sind, sollten aus Gründen fairen Wettbewerbs Mauern gesetzlich geschleift werden, um gleiche Konkurrenzbedingungen zu schaffen.

Den „Gegenstand" öffentlicher Unternehmen (wie es in der Praxis regelmäßig heißt), anders gesagt ihr Aufgabengebiet, halten die Firmensatzungen bzw. Gesellschaftsverträge (wie bei privaten Unternehmen) fest; ebenso Aufgaben und Zusammensetzung der Unternehmensorgane. Außer der Gesellschafter-, Haupt- oder Mitgliederversammlung sehen sie regelmäßig ein Leitungsorgan, genannt Vorstand oder Geschäftsführung, und ein Überwachungsorgan mit der Bezeichnung Aufsichts- oder Verwaltungsrat vor. Anders als in den meisten privaten Unternehmen hat die Leitung öffentlicher Unternehmen Grundsätze ordnungsmäßiger Geschäftsführung zu befolgen (für Bundes- und Landesunternehmen in § 53 a Haushaltsgrundsätzegesetz geregelt) und schließt die Überwachung die Einwilligung (d.h. vorherige Zustimmung) in größere Investitions- und Finanzierungsvorhaben ein. Manager und Kontrolleure verkörpern den öffentlichen Auftrag. Sie gestalten die Daseinsvorsorge gewissermaßen als Poliere dieses Schutzwalles.

Architekten und Bauherren der Daseinsvorsorge sind die Europäische Union mit ihrem einschlägigen Gemeinschaftsrecht, in Deutschland der Bund und die Länder als Gesetzgeber und Gesellschafter staatlicher Unternehmen und die Kommunen als Satzungsgeber und Gesellschafter kommunaler Unternehmen. Von diesen Institutionen sollten die Ziele der daseinsvorsorgenden Unternehmen und die Strategien für die Zielerreichung verabschiedet werden. Doch hapert dieses legitime Interesse manchmal an sog. built-in conflicts, also eingebauten Webfehlern, und an rechtlichen Barrieren. Erstere resultieren bei staatlichen Unternehmen aus der Diskrepanz von Interessen, einerseits als Regierung wirtschaftspolitische Instanz zu sein, andererseits sich den Interessen der Unternehmen anzunehmen. Rechtliche Barrieren bestehen etwa darin, dass Gebietskörperschaften als Aktionäre öffentlicher Aktiengesellschaften deren Aufsichtsräten, die nach Aktiengesetz Unabhängigkeit genießen, keine Weisungen erteilen dürfen. Bei öffentlichen GmbHs ist es hingegen möglich, so dass beispielsweise Stadtratsmitglieder in Aufsichtsräten solcher kommunaler Unternehmen an Weisungen des Stadtrats gebunden sind. Es empfiehlt sich deshalb für Kreise, Städte und Gemeinden, ebenso für Länder und den Bund, Kontroll- und Weisungsrechte in den Gesellschaftsverträgen eindeutig zu regeln. Dann können sich öffentliche Unternehmen – abgesehen von öffentlichen AGs – nicht einmauern und müssen zum Beispiel politisch gewollte Preisfestsetzungen vollziehen.

Damit ist eine Thematik angesprochen, die die politische Steuerung öffentlicher Unternehmen betrifft. Kurz gesagt geht es um Politiker in Aufsichtsräten öffentlicher Unternehmen. Drei Thesen stehen sich gegenüber. Erstens, dass sich die Politik auf Rahmenvorgaben zu beschränken habe und nicht mit öffentlichen Unternehmen in die Wirtschaft eingreifen sollte. Zweitens, dass öffentliche Unternehmen ein bewährtes Instrument seien, um mit ihrer Hilfe Struktur- und Standortpolitik des Bundes, eines Landes oder einer Kommune betreiben zu können. Für beide volkswirtschaftlichen Auffassungen finden sich Argumente Für und Wider und plausible Beispiele in deutscher Gegenwart und Geschichte.

Die dritte These ist betriebswirtschaftlich begründet. Daseinsvorsorge sollte jenen Unternehmen überlassen werden, die die dafür geeigneten Produkte effektiv, effizient und wirtschaftlich zu erstellen und anzubieten vermögen. Lässt man die erwähnten Eigenschaften öffentlicher Unternehmen, beginnend mit dem öffentlichen Auftrag in Form von primären Sach- bzw. Leistungszielen wie sichere, kunden- und umweltfreundliche Versorgung und dem Leitbild des ehrbaren Kaufmanns und endend mit den Zuschüssen an die Trägerhaushalte, Revue passieren, wird man zumindest das Effizienzkriterium cum grano salis bejahen können. Das Effektivitätskriterium nachzuweisen fällt zwar schwer, weil Art, Menge und Güte der anzustrebenden Sachziele teilweise imponderabel sind. Selbst eine wissenschaftlich gestützte Bewertung wird nicht nur Erkenntnisse liefern, sondern auch mit Bekenntnissen aufwarten. Wer wirtschaftlicher handelt, das öffentliche oder das private Unternehmen, ist nicht allein an Hand eines betrieblichen Kostenvergleichs zu beurteilen. Man muss auch die externen Kosten einbeziehen, die durch Gesundheitsbeeinträchtigungen, Sachschäden, Vermögenswertminderungen, Stauzeiten, Naturvereinnahmung usw. vom einen oder anderen Unternehmen veranlasst werden.

Bei öffentlichen Unternehmen spielt es deshalb eine große Rolle, auf welcher Argumentationsseite Politiker stehen und ob sie das Know-how besitzen, um ihre Überwachungsaufgaben im Aufsichtsrat (privatrechtlicher Gesellschaften) oder im Verwaltungsrat (in Unternehmen öffentlichen Rechts) wahrnehmen zu können. Wünschenswert wären Politiker in den Überwachungsorganen öffentlicher Unternehmen mit der Befähigung, den Leitungskräften den öffentlichen Auftrag zu vermitteln, bei Unternehmenszielen und Strategieplanung zu kooperieren, geeignete Vorstandsmitglieder, Geschäftsführer bzw. Leiter von Krankenhäusern, Heimen, Museen, Betrieben usw. zu bestellen und deren Tätigkeit samt den Rechenschaftspflichten zu überwachen.

Wo sind weitere Mauern zu überwinden? Zwei türmen sich auf: Vorsitz und Zusammensetzung der Überwachungsorgane. Aus Legitimations- und Koordinationsgründen führen den Vorsitz in Bundes- und Landesunternehmen in der Regel Staatssekretäre oder andere Spitzenbeamte aus den Ministerien, in kommunalen Unternehmen regelmäßig die Oberbürgermeister der jeweiligen Stadt als Eigentümerin. Ämterhäufung ist bei Oberbürgermeistern gang und gäbe. Beim Besetzen von einem Dutzend und mehr Chefposten kann selbst ein außergewöhnlich engagiertes und tüchtiges Stadtoberhaupt und trotz Zuarbeit von Mitarbeitern für Beteiligungsmanagement oder Beteiligungscontrolling nicht genügend Arbeit und Zeit für die Gesellschafter- und Überwachungsaufgaben aufbringen. Die Delegation an Bürgermeister, Beigeordnete bzw. Berufsmäßige Stadträte wäre eine denkbare Lösung. In Staatsunternehmen ist Ämterhäufung keine so drängende Angelegenheit, denn für die Unternehmen sind einzelne Ministerien zuständig, so dass sich die Chefposten auf mehrere Personen verteilen.

Problem Nummer 2: Parteienproporz und Frauenquote herrschen bei Wahlen von kommunalen Aufsichtsrats- oder Verwaltungsratsmitgliedern häufig vor und vernachlässigen die qualifizierte Überwachungsarbeit. Man denke nur an die anspruchsvolle Steuerung von Kommunalunternehmen in der Energie- und Wasserwirtschaft, in der Abfallwirtschaft, im öffentlichen Personennahverkehr, im Luftverkehr, bei Krankenhäusern, in der Pflege, bei Theatern usw. Bei Wahlen wäre deshalb eher eine Kompetenzquote angebracht!

Trotz der Bemühungen um flächendenkende Daseinsvorsorge durch öffentliche, gemischtwirtschaftliche und private Unternehmen ist im Fall von Naturkatastrophen, Pandemien und Verteidigung das Zusammenleben der Bürger hierzulande nur partiell aufrecht zu erhalten. Es bestehen rechtliche Regelungen in Form von Notstandsverfassung und Notstandsgesetzen, die zwar staatliches Handeln absichern, zugleich aber auch Grund- und Freiheitsrechte stark einschränken. Für das Existenzminimum müssten die Bürger innerhalb der rechtlichen und tatsächlichen Gegebenheiten selbst sorgen. Erschwerend käme hinzu, wenn die Kommunikation über Internet und Medien gestört oder unterbrochen würde. Schutzwälle können solche Ausfälle nicht kompensieren. Dieser Situation sind die Menschen besonders in Diktaturen ausgeliefert, die die Informations- und Kommunikationstechnik manipulierend einsetzen, also Dinge verschweigen oder vortäuschen oder ideologisch beeinflussen. Einer solchen geheimen Verführung kann man sich kaum entziehen. Abkapselung führt zur Isolierung, individueller oder kollektiver, aktiver oder passiver Widerstand zu bedrohlichen Reaktionen.

5.4 Aufgeklärte Bürger als politisches Ziel

Bürger streben nach Sicherheit und wollen auf Freiheit nicht verzichten. Freiheitsrechte garantiert in Deutschland das Grundgesetz. Bei der Sicherheit wirken Staat, Bürger und Dritte zusammen. Die vielfältigen Freiheiten bestehen nicht unbegrenzt, sondern sind an Voraussetzungen und Pflichten gebunden. Rechtliche Normen bestimmen das Ausmaß an Freiheit. Sicherheiten haben eher eine ökonomische Dimension. Sie hängen von Chancen und Risiken ab. Diese Zusammenhänge zu erkennen und Sicherheit und Freiheit ausbalancieren zu können, erfordert aufgeklärte Bürger. Das sind Menschen, die sich um vernünftige Entscheidungen bemühen, auf Bildung hinarbeiten, persönliche Handlungsfreiheit begrüßen, religiöse Toleranz üben, gegen Vorurteile zu Felde ziehen, sich nicht ideologisch einfangen lassen und hoffen, dass sich Fortschritt durchsetzt.

Wenn das Subsidiaritätsprinzip konsequent gelten und der Föderalismus sich in die Gesetzgebungs-, Regierungs- und Verwaltungskaskade einordnen würde, also angefangen von der EU über den Bund, die Länder bis zu den Kommunen jeweils der Rahmen mit Grundsätzen für die nächste Ebene festgelegt wäre, käme den Bürgern vor Ort eine Schlüsselstellung zu. Die Verlagerung von vielen öffentlichen Aufgaben an die Basis und die damit gestärkte Selbstbestimmung und Eigenverantwortung der Bürger ließen deren Identität wachsen.

Zwei besorgniserregende Phänomene könnten die Paarung Sicherheit und Freiheit aus dem Gleichgewicht bringen: Erstens, ein übermäßiges Sicherheitsstreben mit allzu engen Bindungen, die zu Unfreiheit führen. In der Öffentlichkeit ist die Ansicht verbreitet, dass Forschung und technischer Fortschritt, Globalisierung und Digitalisierung Start-up Firmen wie Pilze aus dem Boden schießen lassen. Die USA, China und Deutschland scheinen dies mit zahlreichen Existenzgründungen zu beweisen. Namentlich das sog. Silicon Valley in Kalifornien südlich der San Francisco Bay Area, aber auch die

Metropolregion Shanghai und sog. Pilotstädte in China bieten attraktive Voraussetzungen für Innovationen in der IT- und Hightech-Industrie. Die Talentabwanderung und die mentale Emigration (Brain-Drain) von Deutschland in diese Länder befreien offenbar von heimischer Bürokratie und Perspektivlosigkeit. Die Auswanderer lassen die auf Sicherheit bedachten Unternehmer zurück. Zusätzlich verdüstert sich das Bild junger Unternehmen, sobald man die ungezählten Pleiten berücksichtigt. Aus welchen Gründen auch immer die unsichere Selbstständigkeit verloren geht, an ihre Stelle tritt dann eine Beschäftigung im vermeintlich sicheren Angestelltenverhältnis.

Gravierend ist in Deutschland eine bisher unbeachtete Entwicklung, die mit der (Un-)Sicherheit des Arbeitsplatzes zusammenhängt. Freiberuflich tätige Rechtsanwälte, Steuerberater und Wirtschaftsprüfer geben ihre Selbstständigkeit auf und schließen sich großen Unternehmensberatungsgesellschaften an (lies: lassen sich vertraglich keilen). Sichere Einkommen als Angestellte verheißen auch die sich rapide ausbreitenden Fachärzteketten. Von Investoren finanziert übernehmen sie seit geraumer Zeit tausende von niedergelassenen Arztpraxen. Es begann mit Augenarztpraxen und setzte sich fort mit Zahnarzt- und Radiologischen Praxen. Der Verzicht auf Selbstständigkeit mag mehrere Ursachen haben – bürokratische Last, gesetzlich gedeckelte Einkünfte, unattraktive Standorte, unzulängliche Personalsituation, Nachfolgeprobleme – stets wollen die betroffenen Freiberufler aber mehr Sicherheit erkaufen. Was aus dem von ihnen mitgebildeten Mittelstand wird, bleibt abzuwarten. Jedenfalls wandelt sich seine Zusammensetzung mit mehr Arbeitnehmern und weniger Arbeitgebern. Diese Tendenz wird dadurch verstärkt, dass der Anteil an Frauen wächst, die geregelte Arbeitszeiten von Angestellten bevorzugen.

Die fachärztlichen Gruppierungen ihrerseits verändern die Arbeitsteilung in Richtung auf Spezialisierung und Konzentration und heben Leistungsvolumina und Leistungspreise an bzw. erhöhen den Druck auf die Gebührenabrechnungen als Folge des gesteigerten Renditestrebens. Befürchtet werden nachlassende persönliche Zuwendung für die Patienten, wechselnde ärztliche Betreuung, verminderte persönliche Verantwortung und Haftung, befristete Öffnungszeiten, etwaige zentralisierte Notfalldienste und weitere Entfernungen zu den Praxen, anders formuliert: es stellen sich haufenweise Hindernisse in den Weg. Dieses medizinische Konzernsystem ist anfällig für Fehlentscheidungen in der Konzernspitze, die sich bis in die Versorgung vor Ort fortsetzen können. Die Vor- und Nachteile des sich einbürgernden Systems müssen den Bürgern erklärt werden. Es geht nicht nur darum, niedergelassene Arztpraxen abzuschaffen, die ambulante Krankenversorgung insbesondere auf dem Land weiter zu verdünnen oder die gesetzliche Krankenversorgung zu privatisieren. Das Problem besteht in der Aufgabe beruflicher Selbstständigkeit. Es ist brandeilig, dass Regierung und Gesetzgebung auf diese Entwicklung bei freien Berufen reagieren, mehr Wert legen auf die Selbstständigkeit von Leistungsanbietern und die Patienten über die Lage informieren und ihren Bedürfnissen nachkommen.

Das erwähnte zweite Phänomen ist vor allem mit Freiheit, genauer: mit mannigfachen Freiheiten verknüpft. Sie werden in Deutschland zwar rechtlich garantiert, unterliegen aber externen und internen Bindungen und können deshalb nur teilweise ausgeübt werden. Von relativer Freiheit ist hier die Rede. Nur sie kann es geben, denn der absoluten Freiheit fehlt die Rücksichtnahme, und sie endet im Chaos. Während die externen Bindungen durch verfassungsrechtliche Begrenzungen, Grundsätze des Gesetzesvorbehalts und der Verhältnismäßigkeit und durch einschränkende Gesetze und Verordnungen mit Auflagen, Ge- und Verboten plausibel und bekannt sind, nimmt man die internen Bindungen kaum zur Kenntnis. Sie resultieren aus Abhängigkeiten in Ehe, Familie, Nachbarschaft, Freundeskreisen und anderen Gemeinschaften und durch berufliche und geschäftliche Bindungen. Man könnte sie zusammenfassend als personelle und institutionelle Abhängigkeiten bezeichnen.

Niemand ist vollständig unabhängig. Jeder Mensch ist auf andere angewiesen. In seinem persönlichen Umfeld ist das existenziell notwendig. Über die Deckung von Grundbedürfnissen hinaus entstehen personelle Bindungen durch Liebe, Sympathie, Begierde, Anerkennung und Respekt und institutionelle Bindungen beruflicher, sozialer, kultureller, kirchlicher, ökologischer und politischer Art. Diese selbst gewählten oder den Umständen geschuldeten oder eingeforderten Bindungen schränken bewusst oder unbewusst freiheitliches Verhalten – nicht unbedingt freiheitliche Gesinnung – ein. Beispielsweise nimmt ein Geschäftsfreund nicht alle vertraglichen Optionen wahr, weil er weiß, dass die eine oder andere Handlungsweise dem Partner missfällt. Oder man verzichtet trotz des Rechts, sich ungehindert in der Öffentlichkeit versammeln zu können, auf Teilnahme an einer Demonstration, um Freunde nicht zu irritieren.

Beispiel: Baustelle Interessenbindung:

In jüngerer Zeit wird die berufliche Interessenbindung exemplarisch dort kritisiert, wo man sie kaum erwarten würde, nämlich bei Wissenschaftlern. Bekanntlich verbürgt Art. 5 Abs. 3 Grundgesetz die Kunst-, Wissenschafts- Forschungs- und Lehrfreiheit. Doch diese Freiheiten werden inhaltlich unterlaufen, wenn Gutachten unter dem Etikett objektiver Wissenschaft Forschungsergebnisse enthalten, die ein Auftraggeber oder Lobbyist bestellt hat. Die Forschungsfreiheit – immerhin eine markante und stützende Mauer freiheitlicher Kommunikation – wird auch ausgehöhlt beispielsweise durch industrielle Labors, die Aromastoffe, Limonaden, Riegel usw. entwickeln, um den Geschmack von Kindern zu manipulieren. Oder verbandsnahe Institute lehnen Berufskrankheiten (z.B. Asbesterkrankungen) für Berufsgenossenschaften ab. Oder private Prüfinstitute arbeiten (zu) eng mit staatlichen Aufsichtsbehörden zusammen und wecken Zweifel an der Unabhängigkeit ihrer Testergebnisse (wie angeblich in der amerikanischen Flugzeugindustrie).

Versetzt man sich in die Position eines Wissenschaftlers, sollte er sich und seine Arbeit zunächst einer Selbstkontrolle unterziehen und sich der Eigenverantwortung stellen. In einem weiteren Schritt ist eine externe Kontrolle ratsam und bei größeren Projekten zwingend erforderlich. Aber auch dann kann Interessenbindung nicht vollständig ausgeschlossen werden. Empfindet ein Wissenschaftler die CO_2-, Stickoxid- und Feinstaubbelastung als zu hoch, ist er an seine eigenen Standards gebunden. Das birgt die Gefahr in sich, Fakten entsprechend zu interpretieren. Aus solchen Dilemmata befreit wohl am besten Transparenz. Sie hilft einerseits bei der Selbstvergewisserung und wirkt der Gefährdung der Freiheit und Wahrheit und einer Einflussnahme durch Geldgeber entgegen. Andererseits kann die Offenlegung finanziell lukrativer Mandate Neid und Rivalität hervorrufen und dem kollegialen Klima abträglich sein.

Der legalistische Zeitgeist verlangt nach Gesetzen, Kontrollen und signifikanten Strafen. Der erfolgversprechendere Weg, die Bindung an Interessen zu enttarnen, zugleich der legislativen Sättigung zu genügen, dürfte darin bestehen, die Menschen über diese Abhängigkeiten zu informieren, mehr noch: sie aufzuklären. Informationen können überfordern. Aufklärung schützt. Aufklärung ist ein Schutzwall gegen Unkenntnis, Täuschung, Ängste, Gleichgültigkeit und Anfeindung. Aufklärung bedeutet nicht nur die Rechte von Individuen zur Geltung kommen zu lassen, sondern Unangemessenheit und Willkür zu bremsen und die individuellen Pflichten zu betonen, die mit den Rechten einhergehen. Vom Grundrechte schützenden Staat erhofft man sich eine Politik, die sich libertärer (Markt-) Radikalität entgegenstellt und das Verantwortungsbewusstsein der Bürger stärkt. Zugehörigkeit, Zusammengehörigkeitsgefühl, Solidarität und Identität erwachsen eher aus Pflichten als aus Rechten. Wie gesagt, Freiheit ist relativ, nicht unbegrenzt. Es gilt, sie vor illiberalen Risiken zu bewahren.

Aufgeklärte Bürger wissen mit Bindungen und Pflichten aus Gründen von Sicherheit und Freiheit umzugehen. Die dafür errichteten sichtbaren und unsichtbaren Mauern des Staates und der Zivilgesellschaft schützen und stützen, können aber auch Ängste säen sowie Auffassungen und Menschen polarisieren und spalten. Über alle Konflikte hinweg zielt die Aufklärung auf Demokratie, Frieden, Gerechtigkeit, Gemeinwohl und Nachhaltigkeit. Ein um Aufklärung sich bemühender Staat muss die divergierenden Interessen ausgleichen. Die Politik hat sie zu mischen und aus der Bündelung entsteht wiederum Politik. Sie ist der Angelpunkt, um den sich alles dreht. Instanzen der Zivilgesellschaft können hilfreich sein, wenngleich auch sie trotz freiheitlicher Grundrechte und organisatorischer, personeller und finanzieller Bedingungen der ordnenden Strukturen und Prozesse des Staates bedürfen.

Stellt man fest, dass Kinder und Jugendliche in vorschulischen Einrichtungen und Schulen indoktriniert, Jugendlichen und Erwachsenen ungesunde Lebensmittel verabreicht und gesundheitsgefährdende Events durchgeführt werden, Menschen zu medial ferngelenkten Agenten verkommen, Ausbeutung, Extremismus, Rassismus, Turbokapitalismus und Rücksichtslosigkeit außer Kontrolle geraten, dann hat der Staat restriktiv zu reagieren, muss also gewissermaßen Pflöcke einschlagen bzw. Mauern hochziehen. In den genannten Fällen ist mit einer Erziehungs- und Schulordnung Abhilfe zu schaffen, sind Lebensmittel zu verbannen oder zu brandmarken, ferner Maßnahmen gegen Drogen, andere Suchtmittel, Übergewicht, Gehörschäden usw. zu ergreifen, auf Insuffizienzen durch überhandnehmende Internet-Nutzung (von Handys, Videos, Streamingdiensten, Hörfunk und Fernsehen) hinzuweisen und Rahmenbedingungen zu erlassen, die Radikalismus im Gesellschafts- und Wirtschaftssystem verhindern.

Ein Schwachpunkt stellt sich aber in den Weg. Demokratien leben in der Gegenwart. Die Zukunft ist nicht ihre Stärke. Gegenwärtige Gefahren und Unsicherheiten werden häufig erst wahrgenommen und im sog. Krisenmanagement angepackt, wenn sie eingetreten sind, statt sie frühzeitig zu erkennen und ihnen präventiv zu begegnen. Die handelnden Politiker folgen gern dem Zeitgeist hier und heute, von dem auch ihre Wahlchancen beeinflusst werden. Intergenerative Effekte bleiben zumeist außen vor. Aufklärung tut deshalb nicht minder bei Politikern not. Wie die Bürger müssen sie einen Anstoß in die richtige Richtung erhalten. In der Wirtschaft kommt der Schub von Inventionen (Erfindungen), die zu Innovationen (Neuerungen) führen und den Markt durchdringen („penetrieren") und sich verbreiten („diffundieren"). Kann es in der Gesellschaft nicht ähnlich laufen? Forscher, Gelehrte, Künstler, Autoren, Regisseure, Kritiker, Querdenker, Journalisten, Planer und andere Analysten und/oder Aktivisten gewinnen logisch oder empirisch neue Tatsachenerkenntnisse (Entdeckungen), finden Geltungs- und Wirkungszusammenhänge heraus (Begründungen) und kurbeln Entscheidungen (Gestaltungen) an. Das setzt freilich voraus, dass der Transfer von Gebern zu Nehmern funktioniert, also gesendete Signale auf verstehende Empfänger stoßen.

Voraussetzungen und Bedingungen, Rechte und Pflichten, Chancen und Risiken, Freude und Angst beeinflussen Sicherheit und Freiheit. Da die Welt um uns herum hochkomplex und undurchschaubar ist, müssen der und die Einzelne den Lebenssinn suchen und sich selbst finden. Wo hat er, wo hat sie Nachholbedarf: bei Vernunft (Rationalität), Verstand (logisches Folgern), bei Wahrnehmungen, Denkvermögen, Lernbereitschaft und Lernfähigkeit, bei Kenntnissen, Können, Emotionen, Einstellungen, Verhaltensweisen und ethischen Normen, wozu auch religiöse Werte zählen, je nachdem, ob man sie als Element des Zeitgeistes begreift oder vernachlässigt.

Im Übrigen: Ignoranz ist das Pendant zur Aufklärung. Unwissende Menschen sind in ihren engen Wänden gefangen. Während man ihnen früher (mit dem würdelosen Wort) als Prekariat der Gesellschaft kaum Beachtung schenkte, werden sie heutzutage als Verbraucher und Nutzer hofiert. Eine Teilhabe am gesellschaftlichen Leben ist damit aber keineswegs verbunden.

Die neue Aufklärung würde nicht nur zur individuellen Selbstfindung und Selbstbestimmung beitragen, sondern die Menschen als Mitbürger in der Gesellschaft etablieren. Dann könnte der Kluft zwischen aufgeklärten und uninformierten Menschen zugeschüttet werden. Was zu beklagen ist, sind Mauern zwischen Ost- und Westdeutschen, Linken und Rechten, Einheimischen und Migranten, Beschäftigten und Arbeitslosen, Materialisten und Idealisten. Immerhin könnte man dieser Aufklärung zugutehalten, Realisten und Illusionisten, Junge und Alte, Behinderte und Gesunde einander näher gebracht zu haben.

Man wünscht sich eine Politik, die natürliches Empfinden sowie rationales, freiheitliches und verantwortliches Handeln fördert. Das bedeutet Bildung, Emanzipation, Toleranz, Abbau von Vorurteilen, verfasste Bürger- und Menschenrechte. Dann würden Grenzen bzw. Mauern zwischen Menschen, Ständen, Schichten, Milieus, Gesellschaften und Staaten abgetragen. Ehedem abgeschottete Teile lernten sich kennen. Man würde merken, dass man aufeinander angewiesen ist und gemeinsam mehr Lebensqualität erreicht. Mag sein, dass der Einzelne ichbezogen agiert. Doch wird er den Anderen in sein Denken und Handeln einbeziehen, wenn dessen Wohlergehen für ihn von Vorteil ist oder wenn dessen Reaktion sich für ihn nachteilig auswirken kann.

Auswahlbibliografie

Dieses Buch will informieren, bilden und zum Nachdenken anregen. Vielleicht gelingt es sogar, Einstellungen und Verhalten im privaten und beruflichen Leben, in Gesellschaft und Wirtschaft zu ändern. Wir lassen uns von Sicherheit leiten zu Lasten der Freiheit.

Konkrete und sinnbildliche Mauern sollen zeigen, wie sich Macht und Ängste früher festigten und in der Gegenwart gestalten. Welche Maßnahmen von staatlicher Seite hilfreich sind, um freiheitliche Spielräume zu gewährleisten, wird schließlich ausgebreitet. Aus mehreren Mosaiksteinen entsteht ein Bild des Zeitgeistes.

Impulse entstammen verstreuten Publikationen. Zitiert werden höchst unterschiedliche Werke: wissenschaftliche samt historische und insbesondere zeitgeschichtliche Studien, Dokumentationen, Reportagen und Romane.

Von den seit dem Jahr 2000 erschienenen Büchern seien alphabetisch nach Autoren bzw. Editoren genannt:

Frank Biess, German Angst, Fear and Democracy in the Federal Republic of Germany, Oxford 2020

Wilfried von Bredow, Grenzen, Eine Geschichte des Zusammenlebens vom Limes bis Schengen, Darmstadt 2014

Wendy Brown, Mauern, Die neue Abschottung und der Niedergang der Souveränität, Berlin 2018

Peter Eichhorn, Mehr Management in Regierung und Verwaltung, Entbürokratisierung von A bis Z, 3. Aufl., Berlin 2017

Peter Eichhorn, Ohnmacht der Städte, Neue Aufgaben für Bürgermeister und Stadträte, Berlin 2019

Peter Eichhorn, Neue Staatswirtschaft, Rückkehr des Merkantilismus?, Darmstadt 2020

Patrick Gensing, Fakten gegen Fake News oder Der Kampf um die Demokratie, Bonn 2020

Patrick Küpper und Jan Cornelius Peters, Entwicklung regionaler Disparitäten hinsichtlich Wirtschaftskraft, sozialer Lage sowie Daseinsvorsorge und Infrastruktur in Deutschland und seinen ländlichen Räumen, Braunschweig 2019

John Lanchester, Die Mauer, Science-Fiction-Roman, Aus dem Englischen von Dorothee Merkel, Stuttgart 2019

Tim Marshall, Abschottung, Die neue Macht der Mauern, Aus dem Englischen von Hans-Peter Remmler, München 2018

Detlef Merten, Subsidiarität als verfassungsrechtliche Perspektive für Europa, Köln 2000

Astrid Nunn (Hrsg.), Mauern als Grenzen, Mainz 2009

Tobias Prüwer, Welt aus Mauern, Eine Kulturgeschichte, Berlin 2018

Frank Schulz-Nieswandt, Lokale generische Strukturen der Sozialraumbildung, Baden-Baden 2018

Gunnar Schwarting (Hrsg.), Demografischer Wandel: Herausforderungen für Politik, Wirtschaft und Gesellschaft, Baden-Baden 2018

FSC
www.fsc.org
MIX
Papier | Fördert gute Waldnutzung
FSC® C083411

Zeitfracht Medien GmbH
Ferdinand-Jühlke-Straße 7
99095 Erfurt, Deutschland
produktsicherheit@kolibri360.de